# 基于博弈论的产业
## 技术创新联盟运行机制研究

龚新龙 ◆ 著

企业管理出版社
ENTERPRISE MANAGEMENT PUBLISHING HOUSE

图书在版编目(CIP)数据

基于博弈论的产业技术创新联盟运行机制研究 / 龚新龙著. —北京：企业管理出版社，2022.6
ISBN 978-7-5164-2632-6

Ⅰ.①基… Ⅱ.①龚… Ⅲ.①产业经济－技术革新－企业联盟－研究－中国 Ⅳ.①F279.244

中国版本图书馆CIP数据核字(2022)第093007号

| | |
|---|---|
| 书　　名： | 基于博弈论的产业技术创新联盟运行机制研究 |
| 作　　者： | 龚新龙 |
| 责任编辑： | 杨慧芳 |
| 书　　号： | ISBN 978-7-5164-2632-6 |
| 出版发行： | 企业管理出版社 |
| 地　　址： | 北京市海淀区紫竹院南路17号　邮编：100048 |
| 网　　址： | http://www.emph.cn |
| 电　　话： | 发行部（010）68701816　编辑部（010）68420309 |
| 电子信箱： | 314819720@qq.com |
| 印　　刷： | 北京虎彩文化传播有限公司 |
| 经　　销： | 新华书店 |
| 规　　格： | 710毫米×1000毫米　16开本　12印张　216千字 |
| 版　　次： | 2022年7月第1版　2022年7月第1次印刷 |
| 定　　价： | 78.00元 |

版权所有　翻印必究　印装有误　负责调换

# 前言

　　20世纪末以来，在世界范围内涌现出大量的产业技术创新联盟，产业技术创新联盟也成了企业提高创新效率、快速取得创新技术的有效方式。越来越多的企业通过产业技术创新联盟获取共享技术知识、实现技术转移和科技成果转化，并提高企业的自身价值，赢得更大的竞争优势，实现资本、人才、技术等方面的综合提升，从而实现企业成长，促进经济发展。

　　本书首先对产业技术创新联盟的模式进行了研究，分别比较了美国、日本及我国产业技术创新联盟的模式。美国的产业技术创新联盟合作形式多样化，而且合作范围相对广泛，合作层次也更加深入；日本的技术研究组合模式是目前世界上比较有特点的一种产业技术创新联盟合作模式，其主要特点是形式规范、发展成熟，顺应了经济全球化的发展趋势，有利于提升国际竞争力；我国的产业技术创新联盟大多以政府为主导，企业和高校在联盟中的作用相对有点被动。

　　然后，本书对产业技术联盟的运行机制进行了深入研究，采用博弈论的方法，分别从三个角度展开：信任机制、知识共享机制、利益分配机制。在信任机制方面，我们发现在有限次性博弈情况下，联盟内的各方如果想改变产业技术创新联盟效率低下的处境，就要改变这种有限次性博弈的情况，使双方都进入重复博弈阶段，寻求将来的长远合作；在无限次博弈的情况下，当贴现率大于特定阈值时，产业技术创新联盟中的企业如果维持目前的选择，与高校（或科研院所）发生多次合作以后，企业必定会采取信任策略；在产业技术创新联盟的运行过程中，如果奖惩力度越大，成员伙伴之间的不信任成本越高，那么联盟内成员伙伴的守信可能性也就越大，联盟各方采取信任策略的概率越大，可以形成良好的联盟信任机制。在知识共享机制方面，我们发现，只有当联盟的成员伙伴认为知识共享所带来的收益大于或等于知识不共享带来的收益时，联盟内的成员伙伴才会将知识进行共享。利益分配机制方面，我们发现企业和高校（或科研院所）的利益分配主要取决于企业的产出弹性系数，企业的产出弹性系数越小，企业获得的收益比例越大。

最后，本书以畜禽良种产业技术创新联盟作为案例进行研究，分别用德尔菲法和层次分析法，对畜禽良种联盟的信任机制、知识共享机制和利益分配机制的制约因素进行了分析。结论认为，畜禽良种联盟的信任机制主要取决于合作经历、企业声誉、合作愿景、企业家魅力及法律约束等方面的因素；知识共享机制主要取决于企业文化、企业拥有的资源与产权、盈利能力等方面的因素；利益分配机制主要取决于人力、资产及资金方面的投入、科技成果转化率及抗技术风险能力等方面的因素。本书最后对如何建立畜禽良种联盟的信任机制、知识共享机制与利益分配机制提出了相关建议。

# 目录

**第1章 绪　论** ………………………………………………… 1
1.1 研究背景、目的与意义 ………………………………… 1
　　1.1.1 研究背景 ………………………………………… 1
　　1.1.2 研究目的 ………………………………………… 4
　　1.1.3 研究意义 ………………………………………… 6
1.2 文献综述 ………………………………………………… 9
　　1.2.1 国外文献综述 …………………………………… 9
　　1.2.2 国内文献综述 …………………………………… 15
1.3 研究内容、研究方法与技术路线 ……………………… 23
　　1.3.1 研究内容 ………………………………………… 23
　　1.3.2 研究方法 ………………………………………… 24
　　1.3.3 技术路线 ………………………………………… 25
1.4 本章小结 ………………………………………………… 26

**第2章 相关的理论基础** ……………………………………… 28
2.1 产业技术创新联盟的理论基础 ………………………… 28
　　2.1.1 交易费用理论 …………………………………… 29
　　2.1.2 产业集群理论 …………………………………… 31
2.2 博弈论的理论基础 ……………………………………… 32
　　2.2.1 博弈论的发展 …………………………………… 32
　　2.2.2 博弈的构成要素 ………………………………… 36
　　2.2.3 博弈的类型 ……………………………………… 38

2.3　本章小结 ································· 39

## 第3章　产业技术创新联盟的构建模式比较分析 ············ 40
　　3.1　美国产业技术创新联盟的发展及模式 ················ 41
　　　　3.1.1　美国产业技术创新联盟的模式 ················ 41
　　　　3.1.2　美国产业技术创新联盟构建经验总结 ············ 46
　　3.2　日本产业技术创新联盟的发展及模式 ················ 48
　　　　3.2.1　日本产业技术创新联盟的模式 ················ 49
　　　　3.2.2　日本产业技术创新联盟构建经验总结 ············ 52
　　3.3　我国产业技术创新联盟的发展及模式 ················ 54
　　　　3.3.1　我国产业技术创新联盟的模式 ················ 54
　　　　3.3.2　我国产业技术创新联盟构建存在的问题 ··········· 58
　　3.4　不同国家产业技术创新联盟模式的比较 ··············· 60

## 第4章　产业技术创新联盟的信任机制 ················· 63
　　4.1　信任机制的作用 ····························· 65
　　4.2　重复博弈的理论基础 ·························· 66
　　　　4.2.1　有限次重复博弈 ······················· 69
　　　　4.2.2　无限次重复博弈 ······················· 70
　　4.3　基于有限次博弈分析的信任机制构建 ················ 74
　　　　4.3.1　基本假设 ·························· 74
　　　　4.3.2　博弈分析 ·························· 75
　　4.4　基于无限次博弈分析的信任机制构建 ················ 77
　　　　4.4.1　基本假设 ·························· 77
　　　　4.4.2　博弈过程 ·························· 78
　　　　4.4.3　博弈的结果分析 ······················ 80
　　4.5　引入奖惩机制的信任机制博弈 ···················· 82
　　　　4.5.1　博弈过程 ·························· 82
　　　　4.5.2　博弈分析 ·························· 84
　　4.6　产业技术创新联盟信任机制建立的障碍 ··············· 85

4.7　本章小结 ………………………………………………… 87

## 第5章　产业技术创新联盟的知识共享机制 ………………… 89
　5.1　知识共享机制的作用 …………………………………… 92
　5.2　演化博弈的理论基础 …………………………………… 93
　　　5.2.1　演化博弈的演化稳定策略 ………………………… 95
　　　5.2.2　演化博弈的复制者动态 …………………………… 98
　5.3　基于博弈分析的知识共享机制构建 …………………… 104
　　　5.3.1　博弈模型的基本假设 ……………………………… 104
　　　5.3.2　博弈分析 …………………………………………… 108
　5.4　本章小结 ………………………………………………… 114

## 第6章　产业技术创新联盟的利益分配机制 ………………… 115
　6.1　利益分配的原则 ………………………………………… 118
　6.2　利益分配方式 …………………………………………… 119
　6.3　重复博弈的理论基础 …………………………………… 121
　6.4　基于博弈分析的利益分配机制构建 …………………… 121
　　　6.4.1　基本假设 …………………………………………… 122
　　　6.4.2　定额支付的博弈 …………………………………… 123
　　　6.4.3　按产出比例分成的博弈 …………………………… 124
　　　6.4.4　定额支付+按产出比例分成的博弈 ……………… 126
　6.5　本章小结 ………………………………………………… 129

## 第7章　产业技术创新联盟运行机制的案例分析 …………… 130
　7.1　我国产业技术创新联盟的发展现状 …………………… 130
　7.2　畜禽良种产业技术创新联盟的背景 …………………… 133
　　　7.2.1　联盟的基本组成及组织机构 ……………………… 133
　　　7.2.2　联盟近年来的技术合作创新项目及获得的
　　　　　　知识产权 …………………………………………… 136
　7.3　信任机制 ………………………………………………… 144

V

### 7.3.1 信任机制的制约因素 …………………………………… 144
### 7.3.2 信任机制的层次分析法评价 …………………………… 145
### 7.3.3 畜禽良种产业技术创新联盟信任机制的问题 …… 147
### 7.3.4 畜禽良种产业技术创新联盟信任机制的建立方案 …………………………………………………… 149
## 7.4 知识共享机制 …………………………………………………… 150
### 7.4.1 知识共享机制的制约因素 ………………………………… 150
### 7.4.2 知识共享机制的层次分析法评价 ……………………… 151
### 7.4.3 畜禽良种产业技术创新联盟知识共享机制的问题 …………………………………………………… 152
### 7.4.4 畜禽良种产业技术创新联盟知识共享机制的建立方案 …………………………………………… 153
## 7.5 利益分配机制 …………………………………………………… 155
### 7.5.1 利益分配机制的制约因素 ………………………………… 155
### 7.5.2 利益分配机制的层次分析法评价 ……………………… 156
### 7.5.3 畜禽良种产业技术创新联盟利益分配机制的问题 …………………………………………………… 158
### 7.5.4 畜禽良种产业技术创新联盟利益分配机制的建立方案 …………………………………………… 159
## 7.6 本章小结 ………………………………………………………… 160

# 第8章 结论与展望 …………………………………………………… 161
## 8.1 研究结论 ………………………………………………………… 161
## 8.2 研究展望 ………………………………………………………… 163

# 参考文献 …………………………………………………………………… 165

# 第 1 章 绪 论

## 1.1 研究背景、目的与意义

### 1.1.1 研究背景

最早出现的产业技术创新联盟形式是英国的研究联合体，随后欧美一些发达国家借鉴了这种模式[1]。日本也以研究联合体模式为基础，建立了"工矿业技术研究组合"，这是日本产业技术创新联盟的雏形。产业技术创新联盟可以达到资源共享、分担风险或成本以及实现优势互补等目标[2]。20 世纪 70 年代以来，全球经济和科技的发展更加趋于复杂化，产业界和学术界都已经意识到，靠企业、高校（或科研院所）等机构的"单打独斗"已经不能赶上经济高速发展的步伐，也无法适应科技创新系统和科技产品快速更新的新形势。原来企业之间的恶性竞争开始向竞争合作转变，产业技术创新联盟就是最好的例子，这种合作形式在欧美发达国家以及日本得到快速的发展。进入二十一世纪以来，产业技术创新联盟在诸多行业与领域得到了迅速发展。产业技术创新联盟为企业的技术创新提供了多种途径，而且也改变了大多数行业的发展理念与形式。例如，知识密集型产业中，IT 业的 IBM 和英特尔，汽车业的通用与福特，都建立了产业技术创新联盟。

我国的产业技术创新联盟起步落后于欧美国家与日本。改革开放以来，邓小平同志提出了"科学技术是第一生产力"的重要论断，政府、企业和学术界逐步意识到，必须加快建设以知识创新与技术创新为基础的国家创新体系。1992年，原国家经贸委、中国科学院、原国家教委联合发起了"产学研联合开发工程"，为的是将高校（或科研院所）的科研成果与企业的生产相结合，形成合理正规的科研成果转化路径。但是在实际实施的过程中，企业与高校（或科研院所）的产、学、研的合作体系还存在运行不畅、实施受阻等诸多难题。比如：企业和高校（或科研院所）之间的合作项目只停留在表面上，并没有进行很深入的合作，无法解决共性的技术难题，不能进行更高层级的合作；产、学、研合作的模式比较单一，缺乏可以利用的共享资源；高校（或科研院所）的科研成果在企业中很难实施，高校（或科研院所）也难以给予企业技术上的有力支持，企业在服务上得不到有力的保障。

2004年3月，时任国务院总理温家宝在第十届全国人民代表大会第二次会议上作《政府工作报告》，报告中提出要组织实施一批重大科技项目，这些重大科技项目关系到全国经济社会的发展全局。促进企业与高校（或科研院所）相结合，推动高校（或科研院所）科研成果有效地转化为生产力，目的是为了进一步明确与引导企业科技创新的主体地位。

2005年，我国开始实施国家技术创新引导工程。2006年12月，国务院国资委、科技部、教育部、国家开发银行、中华全国总工会与

# 第1章 绪 论

财政部等六部委联合成立了推进产、学、研合作工作协调指导小组。从国家层面上来讲，为了加强设计与统筹协调我国产、学、研结合的工作，探索有效地将产、学、研相结合的模式与机制，体现了在国内建立产业技术创新联盟的构想。2007年，我国出现以企业为主体、以市场为导向、以利益为纽带的新型技术创新组织形态，也就是产业技术创新联盟的形态。2007年6月，我国首次成立了四大产业技术创新联盟，包括：农业装备产业技术创新战略联盟、煤炭开发利用技术创新联盟、新一代煤（能源）化工产业技术创新联盟与钢铁可循环流程技术创新联盟等。这标志着在六部委的推动下，我国产业技术创新联盟构建工作正式拉开帷幕。

为推动产业技术创新联盟的进一步发展，2008年，六部委又联合发布了《关于推动产业技术创新战略联盟构建的指导意见》与《国家科技计划支持产业技术创新战略联盟暂行规定》。2009年，国家又陆续制定了《国家技术创新工程总体实施方案》《关于推动产业技术创新战略联盟构建与发展的实施办法（试行）》等政策文件，进一步促进了产业技术创新战略联盟的建设。同时，各地方政府结合本地的产业实际，积极落实国家政策，颁布了一系列切实可行的有效措施，大力推进产业技术创新联盟的组建与发展，加快了各地产业技术创新联盟的建设步伐。此后，全国各地按照各自区域的发展优势与特点，建立了各种不同类型的产业技术创新联盟。经过近十年的高速发展，我国的产业技术创新联盟取得了一系列的重大突破，对有效提升我国企业的自主创新能力起到了积极作用，也有效地促进了高校（或科研院所）的科研成果转化。

对于产业技术创新联盟的发展，我国政府在政策上给予了大力的鼓励和支持。为了深化产业技术创新联盟发展，我国积极推进产业技术创新联盟的试点建设工作，相关部门和企业携手，共同探索可持续发展的产学研合作组织模式与运行机制，并进一步组建和改进产业技术创新联盟的技术创新链；加强企业和科研院所之间的沟通、交流与合作，共同推进重大科学技术的突破；推动产业技术创新联盟认真贯彻落实我国相关的政策法规，促进产业技术创新联盟的良性发展。

为了加快产业技术创新联盟的发展，2011年5月，在科技部等相关部门的指导支持下，产业技术创新战略联盟试点工作联络组成立，积极响应钢铁、新能源、半导体照明、农业装备、新一代煤化工、化纤产业、汽车轻量化、抗生素以及存储等行业关于建立产业技术创新联盟的倡议。随后，我国成立了诸多产业技术创新联盟，比如：TD产业技术创新战略联盟、数控机床高速精密化技术创新战略联盟、抗生素产业技术创新战略联盟、半导体照明产业技术创新战略联盟等，这些都是产业内具有极大影响力的产业技术创新联盟组织。

随着越来越多的产业技术创新联盟的成立，产业技术创新联盟的运作和发展是否能够按照预定的目标顺利进行，需要时间来进一步检验，也有必要对产业技术创新联盟的运行机制进行深层次的理论和实践研究。

## 1.1.2　研究目的

目前，我国正处于黄金发展时期，经济建设和科学技术的发展正处于重大战略发展机遇期。在新的发展形势下，产业技术创新是地区

# 第1章　绪　论

经济发展的重要动力，产业技术创新联盟也是一个地区综合竞争力的集中体现。

对于一个国家来说，数量众多的企业是国民经济的基础，企业发展是推动一个国家经济发展的基本动力，在促进国民经济发展、增加就业率、形成创新技术、保持市场竞争力以及保障价格机制运行等方面发挥着重要作用。但是，企业也面临着短寿命与高死亡率的困境，如何摆脱这种局面，是目前学术界普遍关注的问题。

全球经济的迅猛发展与科技的高速发展是分不开的。企业的技术创新对于企业的发展起着至关重要的作用，可以说，技术进步是企业提升核心竞争力的主要动力和重要源泉。但是，对于一个企业来讲，是无法占据和拥有全部资源和技术的。有些技术可以通过企业自身的科研发展得到解决，但是这样做需要投入大量的人力和物力，并且不一定能保证完全成功。加入产业技术创新联盟，可以在一定程度上解决这些问题。特别是高新技术企业，为了促进企业高速发展、压缩研发时间、节约研发投入、提高企业效率，加入产业技术创新联盟无疑是一种有效的途径。从我国近几年的发展来看，产业技术创新联盟的发展速度惊人，也收到了显著成效。但同发达国家相比，我国的产学研合作起步相对比较晚，许多企业对于加入产业技术创新联盟还持犹豫和保守态度，担心加入产业技术创新联盟会将自己企业投入大量资金和人力获得的技术与其他企业共享，损害企业自身的利益，削弱企业自身的核心竞争力，因此对于加入产业技术创新联盟有抵触情绪。

本文研究的主要目的在于以下几点。

（1）通过对产业技术创新联盟理论知识的综合分析，对国内外产

5

业技术创新联盟的运行模式进行比较，为我国的产业技术创新联盟的发展提供一定的理论支撑，并针对我国的实际情况，为我国的产业技术创新联盟发展模式提供具有参考价值的思路与建议。

（2）利用博弈论的相关知识，对我国产业技术创新联盟的运行机制进行理论分析。组建一个成功的产业技术创新联盟，需要开展大量的工作，包括：寻找合适的意向合作伙伴、与合作伙伴的谈判、合作意向的确定及联盟的成立、联盟的运行、联盟经营成果的分享等。如果要对产业技术创新联盟进行全面研究，必须花费大量的时间和精力。限于本文研究时间以及工作量等原因，本文主要借助博弈论对产业技术创新联盟的运行机制进行研究。对于一个产业技术创新联盟来讲，要保证其正常有效运行，运行机制无疑是非常重要的方面。本文的研究主要针对于产业技术创新联盟建设初期涉及到的信任机制、联盟运行中期的知识共享机制以及联盟运行后期的利益分配机制进行研究。本文不能面面俱到，主要着眼于产业技术创新联盟运行的主线，进行有针对性的研究，对产业技术创新联盟的运行机制进行博弈论分析，为我国的产业技术创新联盟发展提供相应的理论支持。

## 1.1.3 研究意义

全球经济迅猛发展，自然资源、人才资源等各种生产要素加速流动，企业的生产活动在地域范围内加速聚集，这些因素导致企业的发展已经突破了传统的发展模式。目前，产业技术创新联盟的发展已经是经济增长的一条重要途径，越来越受到人们的关注。加入产业技术创新联盟的企业，可以共享专业化原材料供应、进行人力资源及创新技术等方面的共享，与没有加入产业技术创新联盟的其他企业相比，可以具备更加广泛的资源与核心竞争力，促进企业的进一步发展。产业技术创新联盟内部各单位进行细致化的分工，可以让不同主体专注于各自专业化的核心业务。企业与高校（或科研院所）、企业与企业之间共同研究探索技术创新难题、分享行业内的新知识与领先技术，既提升了各企业自身的科技水平与能力，也缩短了企业技术创新与开发的时间，还可以节约研发资本、资金支出，增强企业的市场竞争能力。产业技术创新联盟已经成为了推动规模经济和区域经济发展的有效武器和潜在动力。同时，经济的快速增长也会促进产业技术创新联盟的进一步发展，两者之间是相互促进、相互影响的。

市场经济以及区域经济的发展要求产业技术创新联盟内的主体合作创新，开发研究行业内的领先技术，使联盟内的主体处于行业的领先地位。而产业技术创新联盟的技术创新活动必须要整合联盟内所有可利用的有效创新资源，进行消化吸收、合作开发、再创新，这样，联盟成员可以迅速有效地获得更多的创新技术，增强企业的市场竞争力。

产业技术创新联盟的实质是技术创新主体的聚集、合作。各方主体加入产业技术创新联盟的目的是互惠互利、实现创新资源共享、迅速高效地突破技术难关。其次，从产业技术创新联盟的运行机制看，产业技术创新联盟的发展与运行都离不开伙伴选择机制、信任机制、学习机制、知识共享机制、绩效机制以及利益分配机制等。产业技术创新联盟的主体通常都是由企业、高校（或科研院所）以及中介组织等各方组成，联盟的运行模式也具有独特性。产业技术创新联盟不仅是一个分工协作的组织机构，更是一个创新网络，而实现产业技术创新联盟的有效、持续、健康发展，充分发挥产业技术创新联盟的积极作用，关键问题在于创新网络的发展。

本研究的意义主要体现在以下两个方面：

1. 理论意义

大量的国内外学者对于产业技术创新联盟的相关问题进行了深入细致的研究，得出了不同的结论。从以往学者的研究方法来看，主要通过交易费用理论、产业集群理论等工具，对产业技术创新联盟的信任机制、学习机制、绩效机制等方面进行了相关研究。而采用博弈论则主要针对产业技术创新模式、竞争合作关系等方面进行了研究。以往的研究并没有将博弈论和产业技术创新联盟的运行机制结合起来研究，即使采用博弈论对产业技术创新联盟运行机制进行研究，也只是采用简单博弈理论。

本研究则主要采用重复博弈理论研究产业技术创新联盟的信任机制（联盟建设初期）；采用演化博弈理论研究联盟知识共享机制（联盟建设中期）；采用重复博弈理论研究联盟的利益分享机制（联盟建设后期）。之所以选择这三个方面机制进行研究，主要原因在于：首先是由于论文篇幅的限制；其次，这三个方面贯穿了产业技术创新联盟的始终，虽然不能穷尽产业技术创新联盟的所有机制，但是具有鲜明的代表性。本文采用博弈论对产业技术创新联盟的研究也是对国内外产业技术创新联盟研究的进一步延续，在对产业技术创新联盟研究进行有力支撑的基础上,也对现存产业技术创新联盟理论进行了补充和完善。

2. 现实意义

在上述理论分析的基础上,针对"畜禽良种产业技术创新联盟"进行案例研究,分析畜禽良种技术创新联盟的发展现状,为畜禽良种产业技术创新联盟的实际运行和发展提出具有针对性的建议和对策,为我国产业技术创新联盟的可持续发展提供理论支持。

## 1.2 文献综述

### 1.2.1 国外文献综述

对于技术创新的研究,目前已经成为新经济增长理论的核心内容之一。自从20世纪90代以来,产业技术创新联盟已经作为一种全新的产学研合作模式在世界范围内大量涌现。实践表明,许多企业已经加入产业技术创新联盟,并通过产业技术创新联盟获取了大量的新技术,从而获得领先其他企业的竞争优势。

从已知的研究成果来看,关于产业技术创新联盟的研究,主要从以下几个方面展开:

1. 产业技术创新联盟的定义

美国DEC公司总裁简·霍普兰德以及管理学家罗杰·奈杰尔率先提出了"战略联盟"这一概念。他们对于战略联盟的定义是:由两个或两个以上企业结成的一种合作模式，目的是共同开发市场、达到资源共享，结成联盟的合作企业必须有着共同的战略利益，并且联盟内的企业必须在经济实力上是旗鼓相当的，在形式上通常是以协议或契约存在的，这样可以起到优势互补、风险分担的作用。从他们的定义可以看出，早期的托拉斯、康采恩，以及现代的企业合资、连锁加盟等形式都属于战略联盟的范畴。

除此之外，很多学者也提出了自己的观点。

Williamson（1991）指出，战略联盟是相对于层级组织或市场而言的另一种可供选择的组织关系，并从交易费用的角度说明了战略联盟有利于规避层级组织或市场所带来的风险问题等[4]。Teece（1992）给战略联盟所下的定义与霍普兰德的定义相近，他们都认为，战略联盟是企业为了实现资源共享和优势互补等战略目标采取的一种合作行为，不过企业在组成联盟的形式上多采用的是排他性购买协议、共同营销、排他性合作生产、技术成果互换和研究开发合作协议等[5]。Culpan（1993）认为，战略联盟是跨国企业之间的一种合作形式，通常由若干跨国公司通过签订合作协议或者排他性协议所形成，其主要目的是实施共同的技术创新，实现资源共享和利益分享，同时也可以分担风险，如R&D联盟就属于一种战略联盟[6]。Yoshino与Rangan（1995）则提出了不同的观点，他们认为资本合作型的联合以及传统的合约不属于战略联盟的范畴。第一种跨组织联合不包含在内的原因是其所涉及的组织没有独立性，比如合并与购买；而第二种则是一种权利的共享，并不存在技术创新的内容，比如比如说短期合同、特许经营权、许可证和交互许可证等就属于传统的合约形式，不符合战略联盟的定义，并且第二种形式在不同企业和组织之间的合作程度非常有限[7]。Modic 与 Potter（1988）认为，战略联盟是指联盟主体在成本、效率以及竞争优势等基础上建立的一种优势互补、要素双向流动、风险共担或者流动的松散型关系网络组织[8]。Spekman 等（1998）的观点是，战略联盟是企业双方签订的协议关系，通常签订协议的企业有着共同的目标，要么是为了争取更大的市场份额，要么是为了双方的多元化发展，或者是为了提高企业自身的生产效率，这种协议能将双方紧密地联系在一起，并可以进行长期的合作与发展[9]。Caldeira（2003）在其著作中提出，产业技术联盟是多家企业（或者是高校、科研机构）联合起来，建立具有战略意义的产业组织形式，通常这些企业都处于同一行业内，或者是相关的行业，其主要目的是针对某项技术进行共同开发研究、拓展更大的市场领域等，并且这个联合体有着良好的运行机制[10]。

2. 产业技术创新联盟的机制

国外学者也对产业技术创新联盟的机制进行了大量的研究，研究成果丰富。

首先是对于产业技术创新联盟的信任机制的研究。Lewis 和 Weigert（1985）认为，信任是将联盟内的所有企业紧密联系在一起的无形纽带，信任对联盟的运行是至关重要的，没有信任基础，联盟的运行就会受到很多阻碍[11]。Byrne（1993）认为，联盟内部成员之间的彼此信任关系对联盟的成功是至关重要的[12]。Baugh 和 Denekamp（1997）则研究了战略联盟内部的信任与联盟绩效之间的关系，他们认为联盟内成员伙伴之间的信任感越强，联盟产生的绩效水平也就越高，如果信任感越弱，该联盟的绩效水平也就越低[13]。Norman（2004）通过组织性学习和交易成本理论，对联盟内企业之间信任关系和技术联盟产出之间的关系进行了实证研究。他的研究结果表明，信任机制运行得越好，联盟内部企业之间的信息交流也就越流畅、联盟的产出效率也就越高，并且好的信任机制能给企业之间的合作带来较高的满意度[14]。Andrew和Steven（2004）的研究结果表明，信任随着联盟生命周期的变化而在不断地发生变化[15]。Tsang等（2004）对哪些因素会对联盟成员伙伴之间知识共享进行干预进行了研究，他发现企业管理层的参与层度以及对知识共享过程的监管力度，会对知识在企业之间的共享效果产生很大的影响，领导的参与层度越高、监督力度越大，企业对共享知识的接收能力也就越强[16]。A.B.Ngow（2007）也发现，联盟成员之间的相互信任对联盟的成立和后期的发展有着积极的推动与促进作用[17]。Jong（2008）在对荷兰多家高科技企业进行了实证研究以后发现，产业技术创新联盟如果想要在长期内存在并且良好地运行，组织之间的信任是最基本的前提条件[18]。Kim Langfield-Smith（2008）研究的核心内容是联盟内的成员伙伴之间信任和联盟风险的关系，研究结果显示，联盟内部的管理结构以及各种控制手段可以提升伙伴成员之间的信任程度，并可以大大降低联盟风险[19]。Ybarra（2009）应用交易成本理论及社会交换理论，比较分析了技术联盟成员之间的信任水平。研究结果表明，技术联盟合作想要获得成功，信任是最基本的条件[20]。Jan（2010）认为成员之间的不确定性信息交流可以促进组织各方之间的信任关系，并有利于实现知识共享[21]。Hung 和 Ching（2011）认为成员之间的良好关系氛围，有助于提高知识共享的水平[22]。Block（2012）以知识共享的过程为基础，建立了大型组织知识共享的模型，分析了组织之间的知识共享与组织层级的关系[23]。

国外学者也对产业技术创新联盟的其他运行机制进行了深入研究。

Gulati 与 Singh（1998）认为，技术联盟建立和发展的重要原因是协作成本的存在和变化[24]。Sakakibara（1997）通过对400家进行合作创新的日本企业进行研究后发现，获得相互之间的互补知识与技术是企业进行合作创新的一个重要原因[25]。除此之外，进行合作创新还有许多其他不同目的，致力于给公司带来各方面的收益。Teece（1997）、Weiss（1997）与 Hamel（1998）等的观点则认为，通过技术联盟，能够得到联盟成员间资源与能力的整合，企业可以得到良好的学习机会，从而促进组织的发展，最终提高竞争能力[26,27,28]。Hitt 等（2000）对墨西哥、罗马尼亚、波兰、美国、加拿大与法国企业如何选择国际合作伙伴的问题进行了研究，这些国家分别是新兴市场国家和发达国家的典型代表。他们认为这些国家的企业在进行合作伙伴选择的时候主要看重的是资源，如果对方属于资源丰富的企业，这些企业就会更加倾向于合作，并且这种合作的成功概率会更高[29]。随后，Hitt 等（2004）对俄罗斯的企业进行研究时发现，俄罗斯企业在选择合作伙伴时，注重的是短期行为，更多地考虑的是金融资本和互补性资源对不稳定环境的适应能力；在研究中国企业如何选择联盟伙伴时，发现中国企业更注重长期行为，关注重点是意向合作企业的无形资产,这些无形资产主要以技术创新能力、管理能力为主[30]。Das 和 Teng(2001)从联盟的利益分享角度研究了联盟的风险问题,他们认为企业在追求自身利益最大化的前提下,限制联盟伙伴追求最大化利益,这样引起了联盟内伙伴成员之间的摩擦,加大了联盟的风险[31]。Yasuda(2005)应用资源基础理论及交易成本理论,研究了高新技术环境下的企业战略联盟的动力机制,认为资源、成本、效率是企业成立技术型创新联盟的主要动机[32]。著名管理学家泰吉(T.T.Tyejee)和奥兰德(G.E.Osland)用"战略缺口"的概念来解释企业结成联盟的动机[33]。他们的主要观点是企业如果用目前自身的资源无法实现既定的目标,这种差距就是"战略缺口",但是在短期内无法弥补"战略缺口"。为了迅速达成企业在短期内的既定目标,最佳途径就是加入产业技术创新联盟。通过加入联盟,可以迅速获取达到既定目标所需资源,也就能以最小的成本和付出填补"战略缺口"。通常,企业存在的"战略缺口"越大,加入战略联盟的动力也就越大。Carolin(2012)认为,高技术企业加入产业技术创新联盟后可以更快速地获得联盟其他成员的知识和资源,从而减少研发风险,节约时间并最大限度获得利益[34]。Tsang 等(2004)对哪些因素会对联盟成员伙伴之间知识共享产生干扰进行了研究,他发现企业管理层的参与程度以及对知识共享过程的监管力度,会对知识在企业之间的共享效果产生很大的影响,领导参与程度越高、监督力度越大,企业对共享知识的接收能力也就越强[35]。Hung 和 Ching(2011)认为,成员之间的良好关系氛围,有助于提高知识共享的水平[36]。Block(2012)以知识共享的过程为基础,建立了大型组织知识共享的模型,分析了组织之间的知识共享与组织层级的关系[37]。

3. 产业技术创新联盟的稳定性

Barney（2000）认为，产业技术创新联盟的不稳定性主要来源于联盟内部成员之间存在认识上的矛盾与行为之间的不协调[38]。Richard（2003）研究发现，产业技术创新联盟的成员伙伴要想实现稳定的合作，就必须提高自身的核心能力，迅速适应对方的企业文化、行事作风，并对对方的行为做出及时的反应[39]。Bayona（2009）研究了联盟的稳定性与企业股价变动之间的关系，认为联盟形成带来的信息重组等因素会影响联盟成员企业的股价变动[40]。

## 1.2.2 国内文献综述

1. 产业技术创新联盟的定义

早在2002年，李东红提出了企业技术联盟合作研发的观点，他认为企业技术联盟合作研发是指企业和其他行为主体采用契约的形式建立的合作组织，但是各个行为主体的财务、运作管理都是相互独立的，建立合作组织的目的是针对某项新技术的合作研究与开发，为了获得共同的研究成果、实现各自目标的研发合作方式[41]。高广文（2008）认为，根据合作目的的不同，产业技术创新联盟主要有技术攻关型、产业链型、技术标准型等三种不同类型[42]。蒋芬（2009）的观点是，产业技术创新联盟是企业为了自身的壮大，和其他企业通过契约的形式组建的一种开放性的组织，这种组织的建立是为了满足一个地区或一个国家的战略发展规划[43]。赵志泉（2009）指出，产业技术创新联盟是各成员伙伴为了实现企业发展的目标,和其他企业采用协议的形式成立的松散型组织[44]。张晓、盛建新、林洪(2009)提出,产业技术创新联盟实现的是企业在组织制度上的一种形式创新[45]。胡泉峰(2010)则从国家的需求角度对产业技术创新联盟进行了定义,他认为国家政府部门也存在创新的需求,为了实现这些需求,相关政府部门会将国内有创新能力的相关主体联合起来,组建成一个创新组织,促进多方合作,从而提升国家的创新能力[46]。

从以上的观点综合来看,产业技术创新联盟是指由多方主体或经济实体组建的一种合作组织,目的是提升联盟内各个主体的创新能力,通常这种组织形式以契约的形式存在,以维护各方的法律权益,最终实现风险共担、优势互补和利益共享。

2. 产业技术创新联盟的特点

产业技术创新联盟的特点也引起了国内许多专家学者的兴趣,并展开了大量的研究。

韩立民、陈自强(2008)认为产业技术创新联盟的特点主要体现在:产业技术创新联盟能显著提升企业的技术创新效率;产业技术创新联盟有着共同的战略目标;产业技术创新联盟遵照利益共赢、风险共担的原则[47]。赵志泉(2009)认为,企业为了谋求跨国跨地区发展,提升国际知名度,可以通过加入产业技术创新联盟,大幅度提高其盈利能力[48]。李新男(2009)指出,产业技术创新联盟可以实现技术创新的共同开发研究;联盟内部成员之间以信任为基础,以契约为保证,每个成员的分工明确[49]。蒋芬(2009)则认为,产业技术创新联盟存在以下特点：以契约的形式保障成员的权利，成员之间有着共同的技术创新目标，联盟的组成形式是松散的和开放的，各成员出于企业自身的发展考虑而加入联盟[43]。胡枭峰（2010）指出，产业技术创新联盟与技术联盟的主要区别是，产业技术创新联盟是以企业自身对科技需求为基础，与高校（或科研院所）或其他组织机构联合形成的高级技术联盟[46]。胡争光、南剑飞（2010）指出，产业技术创新联盟有三个方面的特点：主体企业化、合作自由化和目标产业化[50]。陈佳（2011）认为产业技术创新联盟是以合约协议的形式存在的，能保障联盟内各成员的权益，联盟的合作是以战略发展、长期合作为基础，联盟内的成员都有着共同的发展目标，并以技术创新为核心[51]。吴刚、严平（2011）则从国家创新的层面解释了产业技术创新联盟的特点，他们认为产业技术创新联盟的建立可以完善国家科技创新体制、攻克国家技术创新的难关、实现产业技术的共同发展、提升国际竞争力[52]。

综合以上的观点来看，产业技术创新联盟主要呈现出以下特点：①为了克服共性的技术难题建立的组织；②是一种契约形式的组织；③联盟组织的合作是长期的，为了实现共同的目标；④联盟处于开放的、不断变化的动态发展模式。

3. 产业技术创新联盟的机制

国内学者对于产业技术创新联盟的机制提出了许多不同的观点和看法。首先是对于产业技术创新联盟的信任机制的研究。

王蕾（2000）指出产业技术创新联盟内部成员之间应该以信任

为基础，这样联盟内成员之间的关系才能稳定，联盟成员的合作才能变得更加紧密，成员之间的合作才能长久[53]。何静等（2002）、陈一君（2004）、潘旭明（2006）均发现在产业技术创新联盟内部建立信任机制，能够帮助产业技术创新联盟获得成功[54,55,56]。孙刚、颜士梅（2007）以国外学者Lewicki的信任关系发展三阶段模式作为理论基础，并结合波西联盟、丰田联盟和索爱联盟等案例进行了研究，阐述了信任在产业技术创新联盟发展的三个阶段模式[57]。王刚（2010）认为，联盟成员之间的相互信任，直接决定了联盟的失败率。在王刚的研究中，他给联盟内部的信任下了定义，并指出信任是产业技术创新联盟获取成功的关键因素[58]。方静、武小平（2013）以演化博弈为基础分析产业技术创新联盟信任关系[59]。陈蓉（2015）认为应该从信任文化、推动利益公平和搭建外部监督桥梁等方面构建钨及硬质合金产业技术创新战略联盟的信任评估体系[60]。徐小芳（2015）构建了收益函数，研究了信任与产业技术创新联盟稳定性之间的关系[61]。孙妍妍、王斌（2016）研究了生物医药产业技术创新战略联盟的信任机制与知识产权保护，认为相互信任是联盟发展的关键，联盟内部成员之间的知识转移需要完备的知识产权保护机制[62]。

国内学者还对产业技术创新联盟的其他的运行机制进行了深入研究，主要观点如下。

黄海洲、许成钢（1998）认为，软预算约束是产生产业技术创新联盟的重要原因[63]。罗炜、唐元虎（2001）认为，企业加入产业技术创新联盟进行技术创新合作的动机主要在于：①开发新技术的动因。一般而言，企业在无法单独完成某项技术升级时，需要借助

## 第1章 绪 论

外部的力量，加入产业技术创新联盟就是一种最简单、最迅速、最有效的方式，既可以降低风险和成本，又可以快速获取想要的技术；②技术学习的动因。通过加入联盟，可以获取成员伙伴的最新技术，实现技术和经验分享；③市场拓展的动因。加入联盟除了获取共享技术外，联盟还可以共同开发市场、共同获取市场份额、共享利润，减少竞争[64]。左健民（2002）对国内外联盟合作的案例进行了分析，总结得出联盟合作的动力主要来自以下5个方面：①追求更多利益；②获取先进技术；③实现共同的发展战略目标；④获得更好的发展环境；⑤实现企业自我价值[65]。钟书华（2004）通过调研指出：62%的被调研企业认为组建产业技术创新联盟是有一定必要性的，同时被调研的45%的企业表示加入联盟是为了技术创新[66]。杨栩（2006）对产业技术创新联盟各成员应该如何建立机制的问题进行了研究，认为对于联盟中的不同成员来说，应建立具有针对性的机制。对于参与联盟的企业来说，需要建立技术共享机制、风险分担机制；对于高校和科研机构来说，需要建立有效的研发动力机制、成果转化机制、人才培养机制；对于政府部门来说，需要完善市场体系、多渠道融资机制、行政管理机制以及建立立法机制[67]。李新男（2007）提出了企业或者组织应该根据不同的需求来建立联盟[68]。彭礼坤（2007）认为，加入产业技术创新联盟的动机主要有外部动机与内部动机两大类。外部动机主要是指企业为了达到目前企业自身的科技力量无法完成的既定的目标，迅速获取短缺的技术能力，需要借助外部的力量，加入产业技术创新联盟就是一种捷径；而内部动机是指企业为了自身发展、拓展市场份额、降低经营风险、获取更多利润而加入联盟[69]。李金生、丁丽（2008）认为，知识联盟包括四个动力机制维度，也就是经济契约维度、信用契约维度、能力契约维度和知识契约维度[70]。李雪、李菁华（2008）从产业技术创新联盟主体的角度认为：技术能力不足、急需获取创新技术的企业对加入产业技术创新联盟有着极大的热情，一般这种企业在固定资产上的投入使用率不高[71]。梁艳欣（2008）研究了一套产业技术创新联盟的知识共享机制，包括如何有效地选择联盟伙伴、采用何种模式建立联盟、如何建立联盟的管理模式等等，这套共享机制能有效地保证联盟可以流畅稳定地运行，联盟成员也可以快速获取知识共享、高效地将知识共享转化为生产力[72]。胡利玲等（2009）的研究表明，企业法人型合作联盟形态更加有利于产业技术创新联盟的发展，这种类型的联盟可以帮助企业实现共同的战略目标，合作形式更加稳定、合作时间更加长久，成员伙伴可以获得更大的利益[73]。李岱素（2009）认为，合适的合作伙伴、有效的资源共享、合理的利益分配机制、有效的风险控制手段等能保证产业技术创新联盟高效运行[74]。赵志泉（2009）提出应该从以下几个方面来展开建设产业技术创新联盟机制：①选择恰当的模式组建产业技术创新联盟，等额股权是股权式联盟的最优形式；②选择正确的产业技术创新联盟的合作伙伴；③在产业技术创新联盟内部建立有效的信任机制和协调机制；④在产业技术创新联盟内部建立合理的风险分担机制和利益分配机制[48]。蒋芬（2009）站在产业共性技术创新的协调者与决策者的角度，把产业技术创新战略联盟分为产业主导型、政府推动型、科研院所主导型与龙头企业主导型等四种模式[43]。张晓等（2009）提出了产业技术创新联盟可以采取股份合作制企业模式、模拟公司模式，也可以聘请专业团队对联盟实施针对性的专业化管理[45]。薛伟贤和张娟（2010）认为，高技术企业加入产业技术创新联盟的根本动机是为了分散创新风险、获取互补性技术资源、降低研发成本以及在技术研发成功后共享技术收益[75]。李允尧（2010）发现，企业加入产业技术创新联盟最根本动机是为了更好地分享联盟伙伴所拥有的具有互补性的技术能力，这也是产业技术创新联盟是否允许其他企业加入的决策依据与基本门槛。相对而言，产业技术创新联盟在难以实现创新目标的时候，会更加具有针对性地吸收具有互补技术能力的企业作为联盟的合作伙伴[76]。马永红、王丽丽、王展昭（2011）认为，应该从内部和外部组建产业技术创新联盟的有效运行机制，并需要考虑多方面的因素[77]。陈佳（2011）认为，由于资源具有稀缺性，不同的企业组建联盟的主要原因在于企业存在对某种资源的需求，需要借助其他企业的资源来完成自己的战略目标，加入产业技术创新联盟可以帮助企业获取资源上的互补，因此，建立相对完善的资源共享机制可以有效地发挥产业技术创新联盟的优势[51]。马思奇（2011）通过对产业技术创新联盟的研究发现，联盟得以建立和发展的主要目的是为了适应变幻莫测的市场环境。参与到联盟中，利用联盟的资源可以降低企业技术创新的成本与风险，并且提高公司的创新能力和增强技术竞争力[78]。冯晓青（2011）认为，应该根据各成员在资源、知识共享上的付出大小和风险承担能力来确定各自的利益分享水平，保护核心技术，做好风险防范[79]。李建花（2012）对产业技术创新联盟应该如何有效地进行资源互补共享、如何有效地控制风险、如何合理地分配利益、如何建立有效的信任机制等问题进行了研究，并对联盟的运行机制提出了相关建议[80]。郭鸿勇、李婷、胡悦、郝彦博（2013）运用系统动力学理论研究了产业技术创新联盟的运行机制。认为联盟成员应该建立正确的伙伴选择机制、风险分担机制、资源共享机制、利益分配机制等问题[81]。马雪君（2014）研究了产业技术创新联盟成员间知识转移的双边匹配问题，并采用数理分析构建了相应的数学模型[82]。彭凡（2014）以系统动力学理论为基础，建立了基于多主体的联盟主体间知识转移模型[83]。殷群（2015）用系统组织理论构建了R&D导向产业技术创新联盟运行管理体系，并研究了R&D联盟的组建管理机理、过程管理机理和利益管理机理[84]。杨普等（2015）研究了安徽农业产业技术联盟，认为安徽现代农业产业发展战略应当注重联盟组织模式与运行机制创新、加强科技合作与交流、加大资金投入、建立联盟科学评价体系和搭建联盟发展综合信息平台[85]。李琛（2016）研究了产业技术创新联盟中知识转移障碍问题，并以煤炭开发利用技术创新战略联盟作为案例进行了分析[86]。

从以上的综合分析来看，企业加入产业技术创新联盟的动机归结为获得互补性资源、研发能力及开拓市场等。产业技术创新联盟的运行机制主要有：选择机制、人才机制、风险共担机制、资源共享机制、利益分配机制等，只有建立有效的上述机制，才能保证产业技术创新联盟稳定、高效、流畅、长久地运行。

## 1.3　研究内容、研究方法与技术路线

### 1.3.1　研究内容

本文的主要研究内容如下。

（1）绪论。主要阐述了本文的研究背景、研究目的与意义、研究方法等，并梳理了目前对于产业技术创新联盟方面的国内外学者的研究成果，为本文后面的研究打下基础。

（2）相关理论基础。主要对交易费用理论、产业集群理论以及博弈论的发展、特点及分类等基本内容进行了阐述。

（3）产业技术创新联盟的构建模式比较分析。这一部分主要对美国、日本及我国的产业技术创新联盟的组建模式进行了研究，并对三个国家在产业技术创新联盟模式上的差异进行了比较分析。

（4）产业技术创新联盟的信任机制。这一部分以重复博弈论为基础，研究了产业技术创新联盟的信任机制。

（5）产业技术创新联盟的知识共享机制。这一部分以演化博弈为基础，研究了产业技术创新联盟的知识共享机制。

（6）产业技术创新联盟的利益分配机制。这一部分以重复博弈论为基础，研究了产业技术创新联盟的利益分配机制。

（7）以畜禽良种产业技术创新联盟为案例研究。分析了畜禽良种联盟内信任机制、知识共享机制和利益分配机制的制约因素、存在的问题，并对如何建立良好的信任机制、知识共享机制和利益分配机制

提出相应的建议和方案。

（8）总结与展望。

## 1.3.2　研究方法

本文采用的主要研究方法有：

（1）文献分析法。文献分析方法注重对相关的重要论著和评论等文献数据进行分析、比较和综合。查阅大量有关本研究的文献和书籍及个案分析，充分借鉴已有的研究成果。

（2）德尔菲法。通过给专家发送电子信函，征求专家们的相关意见，搜集各个问题的决定性因素，并汇总。

（3）层次分析法。首先将一个复杂、多目标的决策问题看作是一个系统，然后将目标分解成多个组成部分或因素，通过定性指标模糊量化方法算出层次单排序（权数）和总排序；针对上一层的某一个准则或约束，将下一层与之相关的每个不能准确度量的因素，进行两两相互比较，并导出各因素的相对权重；最后，再通过层次间的递进关系，得到方案对于总目标的相对重要性排序，实现对总体的综合评价。

（4）深度访谈法。在个案分析法中还存在尚不明确的问题时，采用深度访谈法对专家进行访谈，得出结果。事先罗列出相关问题的提纲，对要访谈的对象进行个人访谈。访谈的过程中，注意一些访谈的技巧，拉近与被访谈者之间的距离，使被访谈者可以更加配合访谈，从而获得所需的访谈内容，增强论文研究的真实准确性。

（5）案例分析法。本文通过将畜禽良种产业技术创新联盟作为案例研究对象，总结出影响产业技术创新联盟的信任机制、知识共享机制和利益分配机制的决定性因素及存在的问题，并提出相关的建议和方案。

### 1.3.3 技术路线

技术路线如图 1-1 所示。

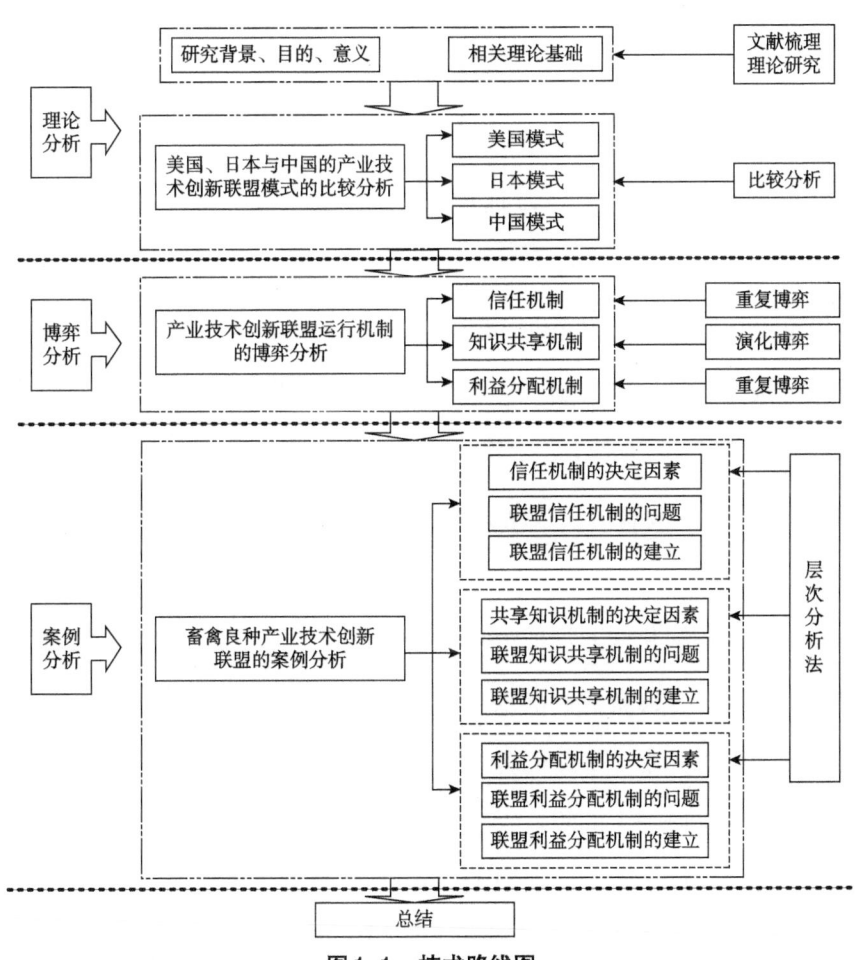

图 1-1 技术路线图

## 1.4　本章小结

（1）采用重复博弈论的方法对我国产业技术联盟的信任机制进行了研究，文章从三个方面展开：一次博弈、无限次博弈，以及引入奖惩机制博弈等三种情况。

在一次博弈中，（不信任，不信任）的策略仍然是企业、高校（或科研院所）的最终纳什均衡策略组合，但对联盟而言，不是最佳的策略选择；在无限次博弈模型中，当贴现因子大于某个临界点时，产业技术创新联盟中的企业具有一定的耐心，与高校（或科研院所）发生多次合作以后，企业必定会采取信任策略；在引入奖惩机制的博弈模型中，奖惩程度与企业、高校（或科研院所）选择信任的概率对策略的选择有很大的影响。奖惩力度越大、成员伙伴之间的不信任成本越高，那么联盟内成员伙伴的守信可能性也就越大，企业、高校（或科研院所）采取信任策略的概率越大，可以形成良好的联盟信任机制。

（2）采用演化博弈论的方法对企业产业技术联盟的知识共享机制进行了研究，考虑企业、高校（或科研院所）有两种行为策略：知识共享或知识不共享。最终的分析结果发现，只有当联盟的成员伙伴认为将知识共享所带来的收益大于或等于知识不共享带来的收益时，联盟内的成员伙伴才愿意将知识进行共享。

（3）采用重复博弈论的方法对企业产业技术联盟的利益分配机制进行了研究。将利益分配的方式分为定额支付、按产出比例分成以及定额支付+按产出比例分成三种方式,并构建了相应的收益函数。研究发现企业和高校(或科研院所)的利益分配主要取决于企业的产出弹性系数。当企业产出的弹性系数越大,企业获得收益比例越小,高校(或科研院所)获得的收益比例越大;相反,企业产出的弹性系数越小,企业获得收益比例越大,而高校(或科研院所)获得的收益比例越小。

(4)对畜禽良种产业技术创新联盟的信任机制、知识共享机制与利益分配机制进行了分析。发现畜禽良种产业技术创新联盟的信任机制的决定因素主要取决于企业层面、社会层面和个人层面;知识共享机制的决定因素主要取决于企业资源背景、创新能力和经营状况等三个方面;利益分配机制主要取决于联盟成员科研投入能力、企业产出能力以及风险承受能力。

# 第 2 章 相关的理论基础

## 2.1 产业技术创新联盟的理论基础

产业技术创新联盟是以技术知识为核心的合作组织，可以让联盟内部成员之间形成优势互补、要素多向流动以及风险共担的关系，能够大幅度地提升企业的合作创新能力。

哈佛大学教授 Porter 认为产业技术创新联盟是市场竞争日渐激烈、科学技术超速发展以及企业实施国际化经营战略的必然发展趋势，是企业为了更快地获得创新技术，而与其他企业或者高校以及科研院所组建的战略同盟[87]。在形成产业技术创新联盟的基础上，企业可以通过更多途径获取自身未能开发的技术知识，并且可以分享企业自身的技术知识，与其他企业实现技术知识上的优势互补，从而可以快速获得技术支持，趋于行业的领先地位，取得竞争优势。从狭义的角度来说，产业技术创新联盟是指两个或两个以上的具有独立法人地位的企业联合起来组建的技术同盟，从而能快速适应市场发展，取得领先技术优势，形成竞争优势，获取超额利润。从广义的角度来看，产业技术创新联盟的成员除了企业以外，还包括大学、政府部门以及科研机构等组织。科学技术资源和产业资本相结合是产业技术创新联盟的基本责任和任务，可以加快将科技成果转化为现实生产力，实现科技创新转化为经济社会利益，为社会和经济的发展做出贡献。

### 2.1.1　交易费用理论

Ronald Coase 在 1937 年发表的《企业的性质》中，分析了企业的起源与规模，首次引入经济学分析，提出了交易费用理论。他在文中指出，利用价格机制是有成本的，如果企业的交易成本比市场交易成本要低，就产生了企业。在协作生产中，人们的交易活动是有成本的，有时交易成本也会很高。他认为当企业的行政管理费用与市场上的交易成本相等时，决定了企业的边界。当企业的规模扩展到一定程度以后，企业内部组织管理成本上升，交易成本增加，则收益就会减少。

Coase 虽然将交易作为经济活动的基本单位，但并没有给交易费用下一个明确定义。随后，交易费用就成为了学术界研究的核心问题，围绕交易费用产生了许多崭新的研究思路和理论。许多经济学家对交易费用理论进行了进一步的发展与完善。1969 年阿罗首次使用了"交易费用"这一词。在 20 世纪 80 年代，Oliver Williamson 从深度及广度上系统地沿袭并拓展了 Coase 的交易费用理论，假设处于交易过程中的人既具有机会主义行为倾向，也存在有限理性。在这个基础之上，Williamson 还认为交易费用的高低是由交易过程的不确定性、交易频率与资产的专用性三个要素所共同确定的[88]。并将契约行为分为了古典契约、关系性契约以及新古典契约等三种类型。通过对交易费用深层次的研究，形成了最终的比较完善的交易费用理论体系。在产业技术创新联盟的研究方面，他认为产业技术创新联盟是对市场或内部组织的一种替代，也是企业与市场的中间组织。交易成本理论对产业技术创新联盟的形成方面做出的解释，可以认为联盟已超越了正常的市场交易，一定程度上企业边界得到了进一步的扩大，但彼此之间又未达到合并的程度。

根据 Williamson 的交易费用理论，合作伙伴可以通过建立战略联盟的方式，来增强不确定性市场的认知和防御能力。战略联盟能够有效地促进联盟成员伙伴之间的学习交流，进而能够减少有限理性产生的成本问题，并能避免由于信息不对称、机会主文等导致的败德行为。同时，有的学者提出联盟成员会舍弃伙伴的利益而追逐自身利益，这就导致了合作伙伴之间难以相互信赖。

1988 年 Hennart 站在经济学的角度进行了分析，认为战略联盟在获取专有性资产的时候，比并购更加具有灵活性[89]。因为存在有限理性，在产业技术创新联盟构建过程中，要建立一个在任何情况下都能完整表述成员伙伴权利和责任的契约是难以实现的。再加上，由于存在缺乏制度与程序化，就需要进行谈判。在这个过程中，就容易形成机会主义的讨价还价。如果不确定性因素增加、投入资产的频率加快以及资产专用性越强时，对联盟的管理与控制就变得越来越复杂，由此带来的交易成本也会随之越高。基于交易成本理论，产业技术创新联盟的优势主要体现在：通过共享资源以及内部协商，可以降低研发与生产成本，从而减少市场交易成本；联盟的成员伙伴间存在合作与竞争的关系，可以激励联盟成员伙伴积极追求创新，不断地提高联盟的生产经营效率，最终达到共赢。

## 2.1.2 产业集群理论

1776 年，Adam Smith 在《国富论》一书中提到，集群是由一群企业因某一项目所联合形成的群体，能够满足分工的需要[90]。20 世纪中期，西方区域经济理论开始对产业集群进行研究。由于不同时期对产业集群的研究重点不同，形成了一系列不同学派的产业集群理论。

1990 年，哈佛大学教授 Michael Porter 首先正式提出了全球经济视角下的产业集群理论[91]。他将产业集群定义为：在同一个特定的产业领域内，彼此相关联的企业之间在地理位置上大规模集聚在一起的一种现象，主要集聚的主体有企业、供应商、政府以及金融中介机构等。从组织变革、经济效率、价值链与柔性等方面形成竞争优势的角度，研究了产业集群的形成机理和价值，并结合对欧美的 10 多个发达国家的探索，提出了"钻石体系"。同时，Michael Porter 指出产业集群是分析一个国家或地区竞争优势的主要依据。一个国家的竞争优势除了体现在比较优势上，还体现在产业集群上。Michael Porter 产业集群概念的战略思想主要包括以下三个方面因素：首先，与某一产业领域相关。一般来讲，产业集群存在的最基本条件是，产业集群内的企业与其他机构都在某一研究领域内密切相关；其次，产业集群内的企业与其他机构之间的相互联系密切，产业集群内的企业与其他机构不是孤立存在的，而是共存的；最后，产业集群是一个多重的组织结合体，除了企业以外，还应该包括相关的协会、金融机构与中间组织等。Porter 在其著作《集群与新竞争经济学》中，专门以产业集群作为探索内容，研究了产业集群在各方面的特点与竞争优势。另外，他还分析了产业集群的影响因素，认为政府在产业集群中起着非常重要的作用。他还认为，产业集群能够充分体现一个地区的竞争优势。

Alfred Marshall 在《经济学原理》中，把专业化产业集聚的特定区域称之为"产业区"。而且，他还提出了"内部规模经济"与"外部规模经济"的概念，并且通过对英国企业集群现象的研究，认为企业集群的形成是由于存在"外部规模经济"的原因[92]。Marshall 的产业区理论是研究产业集群最重要的理论。

## 2.2 博弈论的理论基础

博弈论（Game Theory）是在多项决策主体之间存在相互影响的前提下，根据决策主体自身的实际情况做出有利于自己的最优决策，是研究决策主体的行为发生直接相互作用时的决策以及这种决策的均衡问题。

### 2.2.1 博弈论的发展

对博弈论的研究，最早开始于 Zermelo[93] 和 Von Neumann[94]，后来由 Von Neumann 和 Morgenstern[95] 首次对博弈论进行系统化和形式化。随后 John Forbes Nash[96,97] 利用不动点定理证明了均衡点的存在，从而确立了博弈论的一般化问题。

按照历史的发展轨迹，从博弈的最初形态到博弈论发展成为一个完整的学科体系，本文将博弈论的发展阶段归纳为以下几个方面。

1. 博弈论的萌芽阶段

我国从战国开始就有凭借策略智谋取胜的例子，比如"田忌赛马"

的故事大家都耳熟能详，虽然当时并不叫博弈论，但是可以看成是博弈论的雏形。博弈论在中国古代数字游戏活动中就有体现。如六博、双陆、打马格、围棋和象棋，都是利用个人的智慧，谋求胜局的游戏。博弈论在我国古代的军事理论中也有体现，春秋时期我国经典的军事著作《孙子兵法》就是对博弈思想的充分发挥，是我国博弈理论发展的智慧结晶。《孙子兵法》把"策略互动"的分析方法，形象地运动到兵法中，运用了哲学、心理学、逻辑分析等理论工具，详细阐述了古代军事中的"博弈"问题，并通过"博弈"双方的利害关系指出了双方的应对策略与建议。《孙子兵法》可以说是最早的"博弈论"著作。

19世纪30年代，谷诺（Cournot）对两寡头垄断竞争市场进行了较系统的研究，随后，又有波特兰特（Bertrand）[98]、艾奇沃斯（Achiward）、斯坦科尔伯格（Stackelberg）等对不完全竞争问题的阐述[99]，这些都充分体现了初步形态的"博弈论"。

2. 博弈论的产生阶段

在18世纪早期，法国数学家莫尔通过对纸牌大小的概率分析，得出了极大极小值（混合策略）解。19世纪初，法国的数理经济学家谷诺（Cournot）首次把函数和微积分方程应用于对垄断、双头垄断和双边垄断的分析中，对完全竞争市场经济思想采用"策略互动"的方法进行了分析，这就是著名的古诺垄断模型。在1928年，冯·诺依曼（Von Neumann）用数学方法研究了有关竞合的问题，并提出了极大值、极小值的存在问题，并成功地得出了证明，诺依曼被认为拉开了现代博弈论的研究序幕[94]。1944年冯·诺依曼（Von Neumann）

和摩根·斯特恩（Morgen Stern）共同编著了惊世著作——《博弈论与经济行为》[95]，该书系统地阐述了博弈论在经济分析中的作用，它的出版正式开创了博弈论的科学研究体系。该书提出了标准型、广义型与合作型等基本的博弈模型和分析方法，奠定了博弈论的基石以及构建了这门学科的理论框架，此后博弈论建立了该门新兴学科的理论框架。20世纪中叶合作博弈发展到了鼎盛时期以及非合作博弈初见端倪，都是博弈论发展的一个重要阶段。1951年，John Forbes Nash[97]在他的博士论文《非合作博弈》中，首次对合作博弈和非合作博弈的区别进行了分析，认为合作博弈和非合作博弈的区别在于是否存在具有约束力的协议。合作博弈研究的是合作剩余如何分配的问题，也就是收益的分配问题。联盟成员伙伴之间通过讨价还价来决定合作剩余的分配，分配方案则取决于博弈各方的谈判力量和谈判技巧，最终达成的协议必须得到强制执行。合作剩余的分配不仅仅是妥协的结果，还是达成妥协的必要条件。合作博弈所强调的是团体的理性、效率、公正与公平。到20世纪50年代，合作博弈的研究达到顶峰，Nash提出了纳什均衡，并证明它是满足纳什五公理的两人讨价还价问题的唯一解[97]。而相比合作博弈，非合作博弈所强调的是个体理性，每个参与人都独立地进行决策，并没有义务去执行达成的共同协议，尽管有时这种理性带来的是没有效率。Nash提出非合作博弈的核心内容是完全信息静态博弈的纳什均衡。纳什（Nash）提出的纳什均衡（Nash Equilibrium）[97]概念，标志着博弈论新时代的到来。塔克尔（Tucker）于1950年定义了"囚徒困境"。纳什和塔克尔对非合作博弈论的发展做出了突出的贡献，为博弈论的后续发展奠定了坚实的基石。

### 3. 博弈论的发展阶段

在之前的一段时间关于博弈论的研究中，大多数学者主要专注于博弈论本身的发展，而对于博弈论在经济学中的应用涉猎很少。直到19世纪60年代，有大量学者将博弈论运用到经济领域的研究中去，并获得了极大的成功，也为后人的研究提供了新的研究和发展方向。1965年塞尔顿（Selten）的"精炼纳什均衡"将纳什的均衡概念引入博弈论的研究，纳什均衡也成为日后企业博弈的常用博弈方法。随后，海萨尼（Harsanyi）首次在博弈论中引入了不完全信息和贝叶斯均衡等概念[100]。在这一阶段，博弈论的发展既对前一阶段博弈论发扬光大，又为后人在博弈论方面的研究提出了新的方向，指明了新的道路。

### 4. 博弈论的繁荣阶段

到19世纪80年代后期，克瑞普斯（Kreps）、威尔逊（Wilson）等从动态的角度对博弈论展开了研究，他们将不完全信息博弈和信誉问题相结合，产出了大量的研究成果，他们建立的博弈模型就是非常有名的"四人帮模型"。Parkhe（1993）将联盟成员伙伴之间的合作行为看作一种与"囚徒困境"相类似的支付函数的博弈过程，认为联盟失败的原因是由"囚徒困境"的激励结构本质所决定的，而与管理者的失误无关[101]。虽然联盟的成员伙伴都知道，参加联盟可能会给彼此带来一定的收益，但是，当自己选择不合作而别人选择合作时，产生的收益大于彼此都选择合作时的收益，最终的结果是联盟成员都会选择不进行合作。联盟成员通过机会主义行为来欺骗成员伙伴，而得到超出合作时所能带来的收益。在这种情况之下，个体理性导致了集体非理性，从而造成了联盟的不稳定。这就表示，从博弈论的角度来看，战略联盟内部的成员伙伴存在的机会主义等欺骗行为，使联盟不再具有稳定性。

纳什（Nash）、海萨尼（Harsanyi）、泽尔腾（Selten）等三位学者多年来对博弈论坚持研究，并获得了非凡的成就。为了鼓励他们在博弈论上做出的突出贡献，1994年这三位学者被授予了诺贝尔经济学奖。随后，在1996年威廉·维克里（Willianm Vickrey）也获得了诺贝尔经济学奖，他最突出的贡献在于博弈论应用方面。博弈论发展到今天，已经形成了一套完整的体系和非常成熟的科学研究方法。目前，学者们已经将该理论运用到经济社会的各个领域中，并在各个领域的研究中取得了显著的成就，成为经济分析的主要工具之一，也成为了现代微观和宏观经济学的重要研究基础。

## 2.2.2　博弈的构成要素

博弈论使用严谨数学模型来研究实际生活中的决策问题，分析参与者做出怎样的选择才能获得自身利益的最大化。博弈论的应用领域非常广泛，因为生活中无时无刻、无时无处都存在着选择问题，结合当时的环境，可能你个人的选择会对他人的选择产生影响，因此这些问题都可以理解为博弈的问题，都可以采用博弈的理论来解决这些问题。博弈不仅在一个人的日常生活中随处可见，一个企业、一个国家、甚至处理国际问题时，也都时时刻刻可以采用博弈的理论来解决问题，做出有利于自己的最优决策。在博弈论中一般假定参与决策的个体均为"理智的"，从而进行理性的逻辑思维。在一个博弈的决策问题中，我们一般都会涉及到下列几个方面的内容。

1. 博弈的参与人（Players）

博弈的参与人是指在博弈的过程中能够独立地做出决策并能承担结果的决策者。这个决策者可以是个人，也可能是一个组织（比如企业或部门）、群体，各个参与人都应该是平等的，都严格地按照所制定的博弈规则来进行参与。

2. 博弈的策略（Strategies）

博弈的策略是指博弈的参与人在进行决策时，参与人所做出的某个具体的选择，即规定每个博弈方在进行决策时可以选择的方法、做法或经济活动的水平、量值等。在不同的博弈过程中，参与人可以进行选择的博弈策略数量是不一样的。有的博弈中可供博弈参与人进行选择的策略是多种的，甚至是无限的；而有的博弈中可供博弈参与人选择的策略就只有一种。

3. 博弈的次序（Orders）

在博弈游戏中，当存在多个独立决策方进行决策时，决策参与者可以同时做出决策，也可以先后做出决策；可以一次性做出决策，也可以多次做出决策，这就是博弈的次序问题。因此，规定一个博弈就必须规定其中的次序，不同的次序必然是不同的博弈，即使其他方面都相同。

4. 博弈方的收益（Payoffs）

各博弈方每做出一次选择时，就会产生一定的收益或损失，这个收益或损失可以通过一定的手段来进行量化。

以上几个要素就构成了一个博弈，通过对博弈问题的研究分析，可以得出博弈各方的最优策略组合。其主要目的就是通过分析，达到博弈均衡，做出最优决策。

### 2.2.3 博弈的类型

博弈的类型如图 2-1 所示。

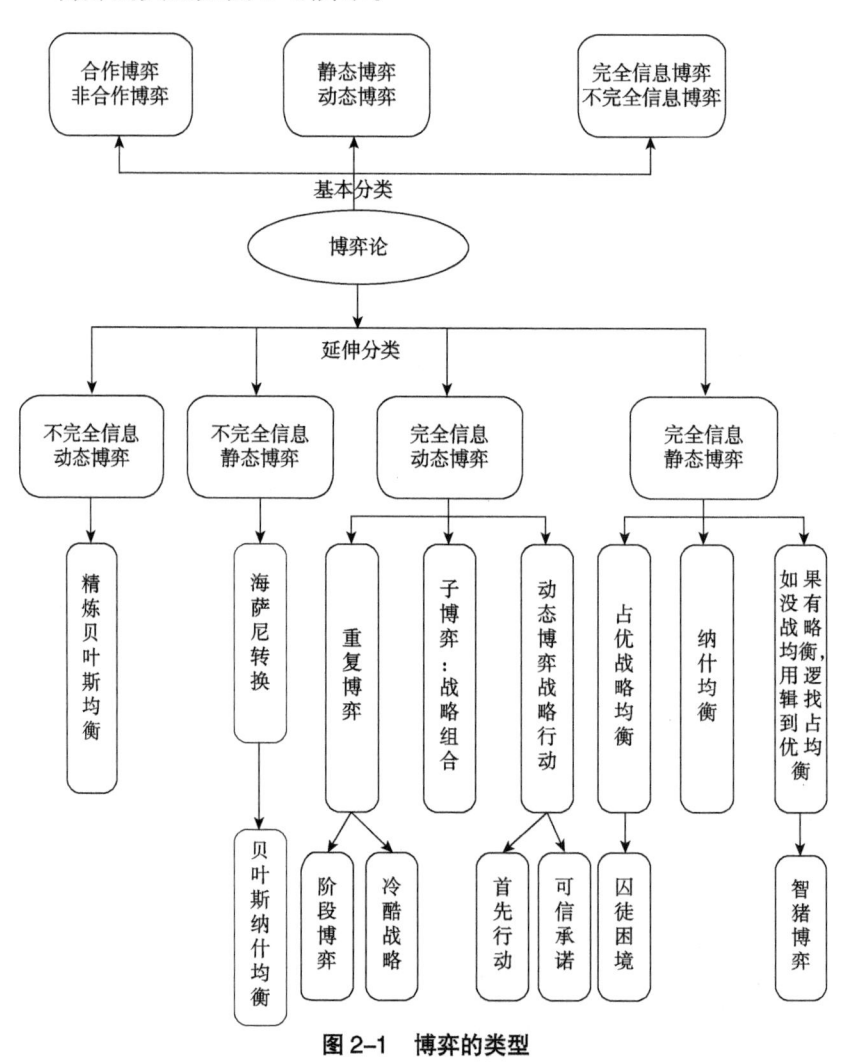

图 2-1 博弈的类型

## 2.3 本章小结

本章主要对产业技术创新联盟和博弈论的相关理论进行了梳理，分别对交易费用理论、产业集群理论、博弈论的发展、博弈论的要素，以及博弈论的类型进行了阐述。

# 第3章 产业技术创新联盟的构建模式比较分析

  企业为了自身发展的需求，努力突破技术创新的难关，在自身没有能力完成科研发展时，以某种合约的形式与其他企业或组织机构建立的共同研究发展的联合组织，企业通过加入产业技术创新联盟可以实现技术突破、分担风险、获得稀缺资源。产业技术创新联盟更加有利于企业进行创新活动，也有利于企业适应外部不确定性的经营环境。技术创新活动需要在相当的一段时间内才能完成，并且日趋成熟。产业技术创新联盟能给企业迅速带来外来技术，加速产品的推陈出新。但是联盟内的各个成员之间是否能和谐共处、共同进步却是另外一回事情，并且联盟内合作伙伴之间的磨合，整个产业技术创新联盟能否高效运行，也是需要经过时间考验的。技术创新联盟作为第三种资源配置方式，能给参与联盟的企业减低成本、获得共享资源、分担风险。但现实中，产业技术创新联盟的发展却遇到很多障碍，存在很高的失败率。企业技术创新联盟是各方之间为了获取对方的资源，达到知识共享而结成的合作组织，联盟成员之间能互动学习必须要有一定时间才能达到良好的运行效果。产业技术创新联盟分为产业链合作联盟、技术攻关合作联盟和技术标准合作联盟三种类型。企业加入产业技术创新联盟，是为了获得更大的市场份额，实现更高的利润，实现既定的战略目标。

对于产业技术创新联盟的构建，国内学者也做了大量的研究。在联盟构建的初期，企业应该选择正确的合作伙伴，如果企业在建立联盟的过程中选择了不恰当的合作伙伴，会造成合作的不稳定，面临着失败的风险。张敬文、于深（2016）运用 SNM 理论分析战略性新兴产业技术创新联盟技术生态位的网络关系，并从网络视角阐述了联盟技术生态位态势的愿景、力量和知识机制，最后基于 SNM 理论视角，从宏观、中观和微观三个层面提出联盟的运作策略[102]。王巾、马章良（2016）基于开放协同视角，从建立共同的战略目标、获取知识资源共享、建立良好的信息沟通渠道，以及建立优秀的服务四个层面入手，研究长三角地区创新联盟协同发展问题，提出了构建知识融合与技术积累协同发展机制、联盟区域协作信任与沟通机制、信息化与创新联盟深度融合机制、集成服务"六个平台"，以及新建一批跨区域联盟等建议[103]。

## 3.1 美国产业技术创新联盟的发展及模式

美国作为世界的科技大国，其产业技术创新联盟有着悠久的发展历史和日渐完善的成熟发展模式，并且已经成为了美国政府促进产业技术创新的重要手段之一。

### 3.1.1 美国产业技术创新联盟的模式

从美国产业技术创新联盟的产生和发展历程来看，其经历的时期是漫长的，其中发生了多样的变化，而且日臻成熟和完善。到目前为止，在具体的实践过程中，美国产业技术创新联盟采取的形式是多种多样的，根据具体实施的情况来看，我们大体上可以归纳出以下三种类型：

1. 政府引导型的模式

这种类型的模式主要是以政府牵头。政府部门一般采用两种形式对产业技术创新联盟进行资助，一种是有政府部门直接提供资金资助，另外一种则是通过多渠道的方式获得融资进行资助。在组建联盟的过程中，政府部门会综合考虑企业的资源配置情况，联盟内的企业一般会形成资源互补，促成资源有效的整合，这样可以最大化资源的有效配置，充分发挥资源互补的优势。这样的做法也可以充分调动企业的积极性，促使产业内的多个主体积极参与到产业技术创新联盟的建设中来，为国家的产业技术创新的发展贡献自己的力量。在这种类型的联盟模式建设的初期，政府提供一定经费，直接对联盟的技术创新活动提供资金上的帮助，同时提供各方面的便利条件；在联盟的运行过程中，政府部门则会通过科技计划项目的方式为联盟提供技术创新和研发的平台，为联盟的技术创新与研发提供发展方向。

比如，美国的新一代汽车合作伙伴计划（PNGV）、Freedom CAR 计划和半导体制造技术联合体，这三个科技计划项目均由美国政府部门引导成立。其中，新一代汽车合作伙伴计划则直接由美国副总统负责推进，并由包括能源、商务等八个权威部门共同管辖；而 Freedom CAR 计划和半导体制造技术联合体也同样是典型的由政府部门引导的产业技术创新联盟。从美国产业技术创新联盟的实践来看，美国联邦政府在推动产业技术创新联盟建立的过程中处于主导地位，积极为产业寻求合作伙伴，促进国家在主导技术上的突破。美国政府引导建立产业技术创新联盟，可以极大地调动企业的积极性，并且有政府作为后盾和支持，可以减少企业的许多后顾之忧，可以全身心地投入到科技创新中去，并且产出的科技成果可以快速有效地转化为生产力，直接给企业带来经济效益，给国家带来社会效益，并为其他形式的产业技术创新联盟树立良好的榜样和形象，促进产业技术创新联盟的形式朝多元化方向发展。

2. 工程研究中心的模式

自从1985年美国科学基金会（NSF）首次设立了工程研究中心以来，美国政府则将目光定位在科研能力较强的高校，他们以高校的科研实验室作为基础，建立工程研究中心。工程研究中心通过高校与企业之间的合作，共同开发研究重大工程科学项目，实现跨学科、跨领域的合作与研究，解决当前国家急需突破的技术难关，并且可以获得国家科学基金会资金上的大力资助。工程研究中心研究的范围和领域相当广泛，除了解决应用技术局部研究方面的问题，这种模式也是美国联邦政府赖以解决技术难题的一种可靠的途径和手段。

工程研究中心所需要的资金来源通常由联邦政府、地方政府、高校以及企业等共同分担，按比例出资。其中，企业通常会为工程研究中心赠送科研仪器、设备等，除此之外，企业还每年为工程研究中心提供大约百分之三十的资金支持。而工程研究中心则需要为企业培养科技研发人才，通过开展多学科综合教育以及开设继续工程教育计划等形成了与传统大学所不同的工程研究中心的独特文化,培养出了一大批具有知识与实践技能兼备的优秀的新型工程人才。

3. 企业—大学合作研究的模式

与工程研究中心不同的是,企业—大学合作研究的联盟模式则是一种民间的合作模式,政府部门基本上不参与这种模式的资助与管理。企业—大学合作研究模式一般是为了满足个别企业战略目标的发展,与某个有科研能力的高校签订协议,根据企业的需求就某一特定的技术难题进行研究。这种模式的优势在于高校的研究具有强烈的针对性,并且研究完成以后可以立即在企业中转化为生产力,可以满足企业战略发展的需求,实现的是一对一的技术攻关,可以节省大量的成本,充分有效地利用资源,减少浪费。并且这种合作模式简单明确,不存在管理上的混乱,可以进行一事一议。研究中心在机构上并不依附于企业或高等院校,企业或高等院校都有较强的独立性。

从组织形式方面来看,我们可以把这种模式大致可分为以下三类。

(1)企业资助大学科研。具体又包括以下几种形式:①企业给高校或者科研院所提供资金上的支持。通常一些具有雄厚实力的大企业会给研发部门(高校或者科研院所)提供设备、仪器上的无偿资助,有时也会给予现金赠予等,基本上为研发部门(高校或者科研院所)解决研发上的前期准备工作。这种情况下,企业的前期投入是无法获得直接收益的,目的是为后面的合作打下基础。②企业将闲置的科研设备出租给研发部门(高校或者科研院所),象征性地收取少量的租金。③企业在高校建立实验室,并聘请有科研能力的教授、学生担任相关职务,但是开展的研究必须与企业的发展方向和战略目标密切相关。

(2)企业与大学联合研究。①合同研究。指企业和研发部门(高校或者科研院所)就某项课题研究的内容签订合同,研发部门(高校或者科研院所)按照合同的要求来开展课题研究。②专项联合研究。通常由研发部门(高校或者科研院所)和企业各自派出相关研究人员,组成一个研究团队,根据企业提出的研究课题进行研究开发,项目完成以后由企业完成科技的成果转化,实现利润。对于研究过程的费用,可以由企业单独出资,项目完成以后,企业给予研发部门(高校或者科研院所)的科研人员一次性的补偿;也可以由双方共同出资研发,项目完成以后,投入生产,双方按照产出比例共享收益。③提供专项补贴。有时企业对当前的发展没有明确的思路,但是研发部门(高校或者科研院所)学者或教授会有一些研发的思路和想法,但是这些思路和想法实施起来存在很大的风险,一旦这些想法获得技术上的成功,会带来巨大的收益。如果这些想法引起了企业的兴趣,企业可以提供专项补贴,以供研发部门(高校或者科研院所)的学者或教授将这些想法变成技术上的现实,项目完成以后,由提供专项补贴的企业将其转化为生产力。

(3)大学参加企业科研。这种合作形式在美国的产业技术创新联盟中最为常见。通常研发部门(高校或者科研院所)的学者或教授充当企业的咨询师和顾问,企业聘请研发部门(高校或者科研院所)的学者或教授为企业的员工授课或做相关的学术报告;研发部门(高校或者科研院所）的科研人员到公司参加研究，为企业解决技术上的难题；企业到大学中公开招聘学生到企业去任职；企业选派优秀员工到高校进修深造，并取得学位等。目前在高技术密集区和科学园区，研发部门（高校或者科研院所）参加企业科研得到了很好的发展。

### 3.1.2　美国产业技术创新联盟构建经验总结

美国的科技发展在全世界范围内一直处于领先的地位，不论是民用科技还是军事科技，其他国家和地区都无法与之相媲美。但是美国科技的发展也不是一蹴而就的，也是经历了长时间的发展和积累，才达到今天的成就。对于产业技术创新联盟而言，其丰富的运作经验以及成熟的发展模式也是其他国家和地区争相学习的对象。美国产业技术创新联盟的发展之所以有今天完整和成熟的模式，与美国政府对科技发展的重视是分不开的，美国政府是最早意识到科技的重要性的。政府部门根据自己的国情制定了一系列的科技发展计划，致力于将科研部门（高校或科研院所）和企业联合起来，共同进行科技研究和技术创新。在这个过程中，美国在计算机、航天等高科技领域的发展取得了巨大成就。美国的产业技术创新的发展主要在集中在企业和科研部门（高校或科研院所）的广泛合作中展开，主要形式就是前面提到的政府引导型模式、工程研究中心模式以及大学——企业合作研究模式，每种模式都具有鲜明的特点和优势，并且在合作中都取得了极大的成功。其中，最著名的属于美国半导体制造技术联盟（SEMATECH联盟），是政府引导型的最成功的例证。20世纪70年代，日本在半导体产业方面迅速崛起，对美国半导体科技的发展造成了巨大的威胁，并成功占领了全球范围内的绝大多数的市场份额，给美国半导体产业的发展造成了沉重的打击，使得美国半导体产业陷入发展危机。SEMATECH联盟的成立，帮助美国半导体产业重新回到了世界之巅。美国其他的产业技术创新联盟也取得了非常大的成功。由此可以看出，美国在产业技术创新联盟方面获得的成功是值得借鉴的。

（1）灵活的组织管理形式。产业技术创新联盟的成立、运作都有着一套复杂的体系，与普通的合作有着天壤之别，因为产业技术创新联盟的合作具有长期性，其运作过程必须具有良好的稳定性和持续性，其合作模式的组建与运作过程也远比一般的合作复杂。针对产业技术创新联盟内合作伙伴的多元性、科技研究的复杂性等特点，为了保证产业技术创新联盟的稳定流畅运行，联盟的管理部门和监管部门制定了详细的规划和项目合作的路线图，建立了联盟内伙伴的沟通交流渠道，这样可以使联盟的成员及时交换意见、分享知识、共享资源，还规定联盟成员定期报告项目的进展情况和遇到的困难，这样对于难关问题可以及时得到解决。同时，美国政府还根据产业技术创新联盟自身的特点制定了相应的科技评价制度，定期对产业技术创新联盟的合作进展情况进行评估，如果联盟内的成员之间存在矛盾或意见分歧，可以及时得到解决和处理，大大地提升了联盟项目研究开发的速度与质量，也促进了联盟高效率运行。

（2）制定长远的战略目标。产业技术创新联盟不仅仅要解决当前企业、国家所面临的科技难关，更要把目光放长远，着眼未来，提出前瞻性的目标和规划。因为产业技术创业联盟的建立本来就来之不易，不能只为了当前的利益而放弃未来的发展，更应该注重长期合作，为国家科技的未来发展创造良好的环境与条件。美国政府在产业技术创新联盟的发展中，通常会做一个长期规划，制定长远的战略目标，使产业技术创新联盟能够持续长久地运作下去，避免了联盟的重复建设和投资造成浪费。

（3）政府的正确引导。在产业技术创新联盟发展的初期，都是靠美国政府的正确引导，积极推动科研部门（高校或科研院所）和企业加入到产业技术创新联盟的建设中去，给予联盟建设优惠条件和大力资金支持，为产业技术创新联盟的运作创造了良好的运营环境。但同时，政府在推动科研部门（高校或科研院所）和企业提升科技创新能力的过程中，也十分重视市场的运作规律，充分发挥政府的公信力，起到协调、监管的作用，并注重融资、规划和评估的作用，保证了联盟的良好运行。

（4）注重人力、资金的大力投入。长期以来，美国从来不吝惜在科技创新方面的大力投入，其投入的力度在全球范围内都是首屈一指的。据调查显示，美国企业的平均科研投入平均占销售额的3.1%，工业界的R&D投入已到达整个美国研发实际投入的70%左右。除了政府和企业之外，风险基金也积极在产业技术创新联盟中加大资金投入力度，努力将科技创新成果转化为生产力，实现利润转化，收取投资回报。

## 3.2 日本产业技术创新联盟的发展及模式

"二战"初期，日本科技水平的发展在全球范围内还不是特别突出。"二战"以后，日本作为战败国，致力于本国的建设和科技发展，其科技水平的发展速度是有目共睹的。在短短的几十年的时间内，日本完成了现代化工业体系的技术飞跃。纵观日本科技发展的历程，我们发现其官、产、学、研相结合的产业技术创新联盟也十分有特色，也是值得我们借鉴和学习的。

## 3.2.1 日本产业技术创新联盟的模式

日本的产、学、研结合最早起源于"二战"以前。随后，日本在20世纪60年代颁布了《工矿业技术组合法》，产业技术创新联盟才逐渐发展起来。到了70年代末和80年代初，日本对科技的重视程度日益提升，并确立了科技立国的战略发展目标。20世纪90年代，日本政府积极推进产、学、研一体化进程，产业技术创新联盟得到了空前的发展。

从日本产业技术创新联盟的发展进程来看，其组建和运行模式也具有鲜明的特色，主要包括以下几种方式：

1. 技术研究组合的模式

日本的产业技术创新联盟最早采用的是技术研究组合的模式，这种模式在日本发展产业技术创新联盟的初期取得了相当大的成功，并在全国范围内得到大力推广和实施，也是日本目前最具有特色的联盟模式之一。技术合作研究组织模式的法律地位具有一定的特殊性，它是一种介于公益法人和企业法人之间的非盈利法人。通常，为了某个特定的科技开发项目，可以采用技术研究组合的组织形式。因为这种模式是一种临时性的，是为了某个特定的项目和科技开发而设立的，当项目和研究开发完成以后，该联盟组织就会被解散，并不是长久存在的。在联盟的研发经费方面，通常采用合作研究组织成员分摊的方式，其投入费用不会因为中途退出而被归还。

技术研究组合的具体形式主要有两种：水平合作与垂直合作。水平合作形态主要强调的是联盟企业成员之间进行分担的组织结构。在实际的运作过程中，首先由各自企业选派相关的科技人员参加任务分配，每个人拿到自己的任务后回到自己的企业，单独完成科技的开发，最终再将每个人的研究成果进行汇总。这种模式的优点是分工明确，缺点是不同企业之间的科研人员没办法有效地沟通和交流，出现问题不能得到及时的处理和解决。而垂直合作形态则是将技术研究组合的所有成员集中在一起，对研究项目进行集中研究开发。优点是当遇到问题时大家可以进行交通沟通，及时解决意见不一致的问题。在早期，日本更加倾向于采用水平合作方式。随着日本企业整体水平的不断提升，混合模式受到更多企业的青睐。混合模式采用的是将垂直方式与水平方式相结合的一种模式，这种方式更加具有灵活性。

2. 混合研究的模式

20世纪80年代后期，日本政府为了实现技术立国的发展战略，加速企业与大学之间的合作，出现了多种混合研究方式，所采用的主要类型如下。

（1）受托研究方式。即大学接受来自民间企业或者中央政府部门的委托，针对某项课题项目进行研究。通常大学是受托方，而企业或中央政府部门则是委托方。受托研究方式通常采用签订合同的方式。大学按照双方签订合同的相关规定完成科研任务，获取相应的报酬，而企业或中央某些政府部门则在科研项目完成以后获得科研成果，向大学支付相应的报酬。一般这种模式组建比较简单，双方签订合同，按照合同办理就行，项目完成以后，合同也就自动解除，受托方和委托方都获得了合同上规定的相关利益。1995年，为了鼓励大学积极参与科研项目，解决企业的技术开发难题，日本文部省等相关政府部门推出了"促进特殊法人等部门有效利用政府资金开展基础研究的制度"，该项制度的建立为大学积极开展科技研究、技术开发提供了良好的制度保证。

（2）共同研究方式。这种方式是大学学者教授和企业人员共同参与研究的一种组合形式。通常在研究项目确立以后，企业派出相关的科研人员，同时企业也聘请大学的学者或教授，将双方的人员集中起来，共同出力进行项目研究和技术开发。研究的费用由企业出资，研究地点一般在大学的实验室、研究所或专门的研发中心，最终的研究成果归大学和企业共同拥有。这种制度的建立可以将国立大学的研究能力与企业的技术能力有效地结合起来，通常可以产出高质量的研究成果。这项制度自1983年创立以来，受到国内许多企业和大学的效仿和追捧，并产生了大量的高质量的研究成果，促进了企业的科技发展，带来了大量的生产力和巨大的经济效益。为了鼓励国立大学积极参与到企业的科研项目和技术开发中去，日本文部省从1987年起，加大了对大学的实验设备和科研条件的建设，主要为一些重点大学的实验室、研究中心等配备了先进的科研仪器和丰富的研究资料。

（3）受托研究员方式。这种方式是指企业聘请大学的学者、教授及研究员深入企业，对企业的科技人员进行授课、做报告，并对企业的技术研究人员进行现场技术指导，这样大学的学者、教授及研究院所可以将他们研究的理论知识应用到实践中去，同时也帮助企业培养科技人才、提升科技人才的业务水平和技术能力。

（4）奖学捐赠金方式。日本企业在高校建立奖学捐赠金制度，对于在科研项目和技术开发方面做出突出贡献和取得优秀成果的人员进行奖励，鼓励他们更多地投入到科研中去，并取得更加丰硕的成果。该项制度对于活跃和促进学术研究起到了积极的推动作用。

3. 技术标准联盟的模式

伴随着经济全球化的迅速扩张，技术标准成为日益重要的资源，特别在高科技领域更是如此。在录像机技术标准领域里，经过了松下与索尼两家公司之间的激烈竞争以后，在日本企业界提出了"技术标准"这一术语。技术标准合作组织作为一种新的产业技术联盟形式迅速崛起。在通信信息技术产业联盟中，又大致可以分成两类：一类是由行业的龙头企业主导的标准联盟形式，例如1995年由日本的日立、东芝等企业牵头成立的DVD标准化论坛；还有2002年以松下电器等企业作为龙头企业成立的ECHONET财团。到2008年，这类财团已经成为了制定国际相关技术标准的组织。另一类则是在风险投资企业推动下所成立的技术联盟。目前，技术标准联盟已逐渐成为了日本产业技术创新联盟新的发展趋势，并迅速成长起来。

## 3.2.2 日本产业技术创新联盟构建经验总结

"二战"之后，日本经济迅速发展起来，与他们在科技上的大力投入是分不开的。从日本确立的科技立国的战略目标来看，是具有前瞻性的。日本科技水平的发展使他们在战后迅速成为世界经济强国，甚至可以和美国并驾齐驱。从日本的产业技术创新联盟的发展来看有如下经验。

（1）政府的主导作用。与其他的欧美发达国家相比，日本的经济体系属于政府主导型。日本政府利用产、学、研相结合，直接参与到产业技术创新联盟的建设中去。除了给予联盟财政补贴以及资金资助以外，还给予产业技术创新联盟提供优惠条件、制定宽松的政策、营造良好的氛围、给予法律支持、建立评估体系。此外，日本政府充当产业技术创新联盟的组织者与管理者，鼓励将大学的科研成果转化为生产力，实现研究技术成果转化，将技术有效地转化为经济社会效益。

（2）知识产权保护战略。日本政府非常重视知识产权的保护，其主要采用知识产权转让许可制度，提供有利于知识产权战略的公共服务中介及培育具有自主知识产权和技术等多种措施来建立和完善知识产权制度。同时，日本政府和企业也致力于将知识产权转化为生产力，政府通过建立知识产权评估制度，通过网络发布知识产权的相关信息，鼓励企业购买知识产权的使用权限，将知识产权投入到生产的实际中去，来提高知识产权的利用率。

（3）联盟的信任机制。日本企业认为和谐的合作关系是联盟成立的纽带，在产业技术创新联盟的运行中，企业和大学都十分注重信任机制的建设。双方的技术人员定期交流，探讨在技术研发中遇到的难题并及时解决，提高联盟的运作效率。日本企业认为，信任机制是联盟建立的基础，是联盟能够高效、长期、稳定运行的前提条件。

（4）独特的构建模式。按照前面的叙述可以看出，日本政府、企业及大学之间产业技术联盟主要采用的技术研究组合、混合研究模式以及技术标准联盟的方式。早期,主要是基于项目而组合在一起的非盈利性组织,一般采用技术研究组合的方式比较多;混合研究则是多方参与的研究模式,通常会由企业的科研人员和大学的学者、教授和研究院共同参与,鼓励大学积极参与到企业的科技研究中去,积极与企业合作,通常有委托合作和合作研究中心等形式;技术标准联盟不是很普遍,因为这种模式强调的技术标准,通常只在高技术领域才会出现。

## 3.3 我国产业技术创新联盟的发展及模式

20世纪末,是全球科技发展的高涨期,日本、欧美国家的科技得到高速发展。产业技术创新联盟从20世纪60年代开始在日本兴起,欧洲发达国家与美国紧随其后。自20世纪80年代初期,产业技术创新联盟开始在全球范围内全面开花。而在我国,产业技术创新联盟是一个新生事物,起步很晚,是具有产业特征的合作研发新型技术创新的联盟组织模式,具有不同于美、日的特征与使命。

### 3.3.1 我国产业技术创新联盟的模式

我国产业技术创新联盟的发展要比美、日晚几十年,随着我国经济实力的快速、持续、稳定增长,产业技术创新联盟的理论与实践也得到了长足的发展,许多学者和专家就我国产业技术创新联盟的具体模式问题进行了深入的研究与探讨。而从产业共性技术创新的角度来看技术创新联盟的合作类型,可分为政府推动、行业协会主导、科研院所主导和龙头企业主导四种模式[104]。总结来说，如果站在主体的角度，目前我国产、学、研结合的具体模式主要有：政府推动型、高校（或科研院所）主导型、企业主导型等三种主要模式。

1. 政府主导型模式

政府是这种模式的主导者，从产业技术创新联盟的建立、运行到成果产出，政府自始至终全程参与。根据我国的具体国情，这种模式又可以分成两种，一种是政府指令型模式，另一种则是政府推动型模式。

（1）政府指令型模式

这是一种主要在计划经济体制下存在的模式。在政府指令型的模式中，政府是真正的主体，而高校与科研院所则是执行主体，隶属于各自的政府主管部门，这种模式主要存在于计划经济时期。联盟内的成员主要根据政府部门的指令加入联盟，往往处于被动的局面，联盟成员也只是按照政府的指令和计划进行运作，联盟内的成员之间联系比较少。

（2）政府推动型模式

政府推动型产业技术创新联盟模式，是为了解决国家在科技、经济发展中出现的重大科技难关或关键性技术难题而组建的，在这种模式中，政府依然占据主动地位。政府推动型产业技术创新联盟模式主要由政府出面牵头，通过财政出资、多渠道融资，为联盟提供资金上的支持，主要是为了支持高风险、高投入并且符合当地经济、社会发展需求以及产业结构合理的公益型、尖端科研型项目的研发。贺正楚、潘红玉、张蜜（2015）认为政府推动型模式适用于市场前景不明朗、创新风险大的重大技术创新领域[105]。

政府推动型产业技术创新联盟所解决的课题，既是当前国家所面临的重大技术难关，又是对国家的经济发展有着举足轻重的新项目和课题，旨在解决当前的问题，还要充分考虑世界科技发展的未来前景，解决国家在技术开发上的长远发展战略问题。20世纪80年代中期以来，我国陆续批准实施的"火炬计划"、国家级高技术研究发展计划（863计划）、国家重点基础研究发展计划（973计划）、"攀登计划"以及"星火计划"等，都属于政府推动型产业技术创新联盟模式。这种模式进行了大量的基础科学研究以及高新技术应用研究，为保障我国经济、社会的快速发展起到了关键性作用。

2. 高校（或科研院所）主导型模式

高校（或科研院所）主导型模式，是指高校（或科研院所）在自己完成科研的基础上，自行将科研成果进行转化，自办企业，实行科技的产品化、商品化以及产业化的一种形式。其实质是，高校（或科研院所）既是科技的研发者，又是科技成果转化为产品并最终形成产业化的创造者。在这种模式中，高校（或科研院所）既是科研的主体，也是生产的主体。

高校（或科研院所）主导型模式的特征是：以大学为主体，以科技活动及其成果为依托，主导从基础研究、应用研究、开发研究、成果转化到最终形成产业化并占有市场的全部过程。在这个过程中，高校必须具备：①高水平的基础科研能力；②应用研究、工艺设计、开发研究及产品设计等方面的能力；③积极引导科技成果转化为生产力，产生社会经济效益；④做好市场预测，为企业的科技成果转化提供市场营销的建议和对策。

目前，高校（或科研院所）主导型模式主要有以下几种方式：①高校（或科研院所）创办经济实体模式，通常高校（或科研院所）会有先进的科技成果，并能产生较高的效益，高校（或科研院所）通过自身创办企业来促进科技成果转化；②高校（或科研院所）科技园模式，是高校（或科研院所）和企业相结合的产物，是产、学、研一体化结合程度很高的一种模式。

3. 企业主导型模式

企业主导型产业技术创新联盟模式。通常有些大型企业会有自身的研发部门，有先进的研究设备和科研仪器，并配备有高水平的科技研究人员。企业本身也会自主地进行基础研究、应用研究、产业创新以及新产品市场开发等方面的研究，在他们自身的科研工作中也会产生有一定科技含量的科技研究成果。然后，他们进一步地把自身研发的技术应用到生产中去，转化为生产力，参与研发，生产、销售的全过程。这种模式的主要特征是，企业既是科学技术的创造者，同时也是科技成果转化成产品的创新者。也就是说，企业既是研究的主体，又是生产的主体。

企业主导型产业技术创新联盟模式的优势在于：企业对产品市场相对熟悉，能够尽快地开发出适合市场的产品；企业有先进的研究及生产设备，并且有雄厚的资金投入到市场开拓上。但企业主导型产业技术创新联盟模式的最大的劣势在于：企业的科研人员以及科研投资相对比较少，且创新能力相对较薄弱。受国外技术的冲击，我国企业主要还是采用技术引进的方式获取先进的科学技术，大部分企业很少进行自主研发。对于我国的企业来说，成为真正的科技创新主体还有相当一段长的路程要走。

### 3.3.2 我国产业技术创新联盟构建存在的问题

从上面的分析来看，我国的产业技术创新联盟与美国、日本的产业技术创新联盟相比，还存在如下的一些问题：

（1）产业技术创新联盟的创新能力不足。企业和高校（或科研院所）作为产业技术创新联盟的技术创新主体，在联盟中起着核心主体作用。近年来，我国企业和高校（或科研院所）的R&D经费支出逐年上升，但从科研成果来看，我国的自主创新能力还相当薄弱，尚未在联盟中占据应有的地位，远远落后于发达国家。

（2）政府在产业技术创新联盟中未能充分发挥作用。主要体现在：①政府未能有效地发挥协调作用。政府引导下的产业技术创新联盟通常是为了解决国家所面临的科技难关和关系民生大计的科研项目，对整个国家经济的发展有着举足轻重的作用。因此，需要发挥政府的协调能力。但在实际的执行过程中，政府并没有充分有效地发挥自己的职能作用，各种相应的配套制度及措施不健全，直接影响了政府的管理效果。②政府的融资渠道单一，对联盟的资金支持力度不够。要想获取高质量的科研成果，对联盟进行大力的资金投入是必不可少的，但对于科研部门来讲，往往是资金缺乏的部门，就需要获得外部的大力资金资助。但是我国在对科技创新、技术发展上投入的专项资金还是不足的，与发达国家相比还存在一定的差距。发达国家为了保障联盟的发展，设有专门的政府基金支持。目前我国政府还没有为产业技术创新联盟设立专项拨款。③有关法律政策体系的支持不足。产业技术创新联盟本身就没有专门的法律制度来保证各方的权益。为了保证产业技术创新联盟的有效运行和高效产出，必须有行之有效的政策法规来规范和引导，为联盟内的各成员提供有力的保障和法律援助。目前，我国各地有关产业技术创新联盟的政策主要集中在联盟的组建和实施方案上，却鲜有对成员的权益、责任和义务约束的法规，具体操作上、管理上的政策也是空白。

（3）学研机构方合作意识不够。长期以来，我国科研部门的研究主要注重基础研究，虽然近些年试图突破应用研究，但是力度还不足，通常都是企业寻求科研部门的帮助才会与企业合作，开发相关的科研项目。并且这些应用研究的成果转化为生产力的比率也不高，这就极大地限制了企业与高校进行合作的积极性，导致了科研成果与市场脱节，大量的科研成果无法实现有效的市场化和产业化，缺少深层次的合作关系。

（4）缺乏产业技术创新联盟的项目选择管理制度。要让产业技术创新联盟产出高质量的科研成果，带来良好的市场经济效益，科研项目的立项必须是以市场为导向，研究开发市场所需要的科技能力。但在实际中，我国产业技术创新联盟在选择项目时通常由政府部门、科技方面的专家等制定技术路径，通常这些项目没有经过实际验证，产出的科研成果无法有效地转化为生产力，无法体现市场对技术研究的实际需求，产生了大量没有实际意义的研究项目和研究活动。与国外发达国家典型联盟的严格项目甄选制度相比，我国存在的主要缺陷在于：在项目申请、评审以及验收评估等管理制度方面不完善；项目甄选过程不规范、透明度不高；缺乏事后的评价与外部评估机制。而且，政府对计划实施和项目执行过程中的监管也没有引起足够的重视。

（5）产业技术创新联盟的外部环境不完善。外部环境对产业技术创新联盟的影响也是不容忽视的，良好的外部环境能保证产业技术创新联盟通畅、高效地运行。外部环境的建设是一个漫长的过程，我国的产业技术创新联盟的发展本来就比发达国家起步要晚，目前还处于摸索阶段，外部环境的发展还相当不成熟，对产业技术创新联盟的良性运行造成了一定的阻碍。科研立项与市场相脱节，可能会产生一大批与市场不相适应的科技成果，无法有效地转化为生产力，造成资金、人力和时间上的极大浪费。良好的市场环境，建立产业技术创新联盟的有效运行机制，产出市场需求的高质量的科研成果，能带来更高的经济和社会效益。与发达国家相比，我国科技服务机构的发展严重滞后，缺乏准确的机构定位。低下的管理服务能力无法充分发挥中介机构在创新主体中的纽带与向导作用。

## 3.4 不同国家产业技术创新联盟模式的比较

根据上面的研究我们可以看出，由于美国、日本和我国之间存在着社会、文化、市场环境等方面的差异，三个国家在联盟组织模式、政府作用等方面存在着一些差异。表 3-1 对美国、日本与我国的产业技术创新联盟的组建模式进行了比较分析。可以看出，美国的产业技术创新联盟的合作形式多样化，而且合作范围也相对广泛，合作层次也更加深入。日本的技术研究组合模式是目前世界上最有特点的一种合作模式，其主要特点是形式规范、发展成熟，顺应了经济全球化的发展趋势，有利于提升国际竞争力。而我国的产业技术创新联盟大多以政府主导为主，企业和高校在联盟的作用相对比较被动。从美国、日本和我国的产业技术创新联盟的合作模式来看，随着合作研究发展的不断深入，可以分为以下几个阶段：合作研究模式初期，由于企业的自主创新能力比较薄弱，高校（或科研院所）在科技研究实力中的占有一定优势，联盟合作形式主要以推动技术成果转让以及以科研方为主导的类型为主；随着合作研究的发展，自主研发水平和抗风险能力增强，联盟各方的合作意愿加强，加上知识技术等资源的流动与共享，加速了科技创新成果的转化，建立合作研究实体成了产业技术创新联盟的主要形式。

表 3-1　美国、日本、中国产业技术创新联盟的模式比较

| 国别 | 联盟的主要模式 | 主要特点 |
| --- | --- | --- |
| 美国 | 政府引导型 | 充分发挥政府的引导作用，积极引导高校与企业合作。政府提供经费支持，并解决国家面临的技术难关和产业共性科技难题 |
| | 工程研究中心 | 政府在科研部门设立工程研究中心，致力于适合跨学科技术研究，以及着力于尖端新型科技人才的培养 |
| | 企业—大学合作研究 | 按企业发展需求进行课题研究，加强企业与高校的长期合作 |

续表

| 国别 | 联盟的主要模式 | 主要特点 |
|---|---|---|
| 日本 | 技术研究组合 | 属于非盈利法人组织，由多家企业成立的合作组织，共同开展共性技术等领域的课题研究，在完成科研任务后，项目组解散。 |
| | 混合研究 | 日本大学和企业之间进行的合作，委托以及建立合作机构等形式的研究模式 |
| | 技术标准联盟 | 建立国际标准，特别在高科技领域。联盟按主体的不同可划分成具有法人资格和不具法人资格的非正式组织两种类型 |
| 中国 | 政府主导型 | 联盟的组成、运行均由政府主导，分成政府指令型模式和政府推动型模式 |
| | 高校主导型 | 高校（或科研院所）在自己完成科研的基础上，自行将科研成果进行转化，自办企业，实行科技的产品化、商品化以及产业化的一种形式 |
| | 企业主导型 | 在科技成果转化为生产力的过程中，由企业将科技活动及经济活动有机地结合起来。其实质是企业自主地进行基础研究、应用研究、产业创新以及新产品市场开发等全部过程 |

# 第 4 章　产业技术创新联盟的信任机制

在产业技术创新联盟的建立过程中，信任是企业、高校（或科研院所）之间的最基本要求，也在企业、高校（或科研院所）之间的合作中起到显著作用，信任的经济和社会价值越来越多地受到人们的关注。Cullen（2000）的观点是，信任就是对合作伙伴做出的一种承诺，认为对方能够完成他们各自的责任，并尽到每个人的义务。他还认为，合作伙伴对联盟所做的行动是以良好的意愿为基础的[106]。Francis Fukuyama（1995）认为，信任是一种心理预期，是从一个规矩、诚实以及合作的行为所组成的组织团体中所体现出来的[107]。吴其伦和卢丽鹃（2004）建立了"协调——合作关系"模型，研究了信任关系在项目团队建立、协调以及发展过程中的所起到的作用[108]。高杲和徐飞（2009）对战略联盟的高失败率进行了研究，主要从联盟内部的角度分析了联盟的信任机制，他们认为产业技术创新联盟失败的主要原因是缺乏信任机制[109]。李煜华和陈文霞等（2010）的研究结果表明，在产业技术创新联盟的建立初期和发展中期，信任机制和联盟的稳定性的作用方向是相同的，并且呈正比关系[110]。李煜华和柳朝等（2011）的研究发现，产业技术创新联盟中联盟成员之间建立信任关系是社会发展和经济发展提出的基本要求，建立有效的信任机制能进一步促进产业技术创新联盟的良性运行[111]。

产业技术创新联盟是基于资源互补性以及风险共担的一种松散组织，它随着市场机遇的出现而产生，对拓展市场空间、制定行业技术标准以及参与国际竞争等方面具有重大的意义。但是，由于产业技术创新联盟存在这种特性，所以不能单纯地依靠协议与合同来约束联盟成员伙伴的行为，还必须建立一个科学合理的信任机制来保障联盟的通畅运行。完善的信任机制既能保证产业技术创新联盟的稳定性，又能降低产业技术创新联盟的支出。成员伙伴合作关系的不确定性是产业技术创新联盟存在的一大威胁。产业技术创新联盟中合作关系的确立与维持，既要以伙伴成员之间的共同利益的实现为基础，还要以彼此间的信任与承诺作为"润滑剂"。但在实际的产业技术创新联盟运行过程中，成员伙伴之间的信任和承诺很难达成，这也是产业技术创新联盟关系难以持续的一个非常重要的原因。再就是，产业技术创新联盟是一种不完全的契约关系，其中，在产业技术创新联盟中产生的知识产权等利益相关的问题还不能被完全界定，容易产生机会主义行为。所以，产业技术创新联盟成员伙伴间的信任关系是联盟得以维持的一个重要基础。联盟成员伙伴之间的长期合作关系以及资源、技术能力等的互补性有助于建立联盟成员之间的信任。同时，声誉成本的作用也可以强化成员伙伴之间的彼此信任。

本节内容主要以重复博弈理论为基础，对产业技术创新联盟信任机制进行分析。

## 4.1 信任机制的作用

1. 促进产业技术创新联盟伙伴成员间的知识共享与相互学习

实现知识共享与相互学习是企业建立产业技术创新联盟的一个最主要的目的。通过有效地相互学习，企业可以弥补自身的缺陷与不足，将其他企业的优势转化成企业自身的优势，进一步提高企业自身的核心竞争能力。然而，企业希望学习的这种知识通常蕴含在组织的实践与文化中，只有在一种没有沟通限制的工作关系中才能达到共享，联盟成员伙伴之间的相互信任可以使企业保持紧密的合作关系，为企业相互学习创造和谐的交流氛围。

2. 降低产业技术创新联盟的运行成本

产业技术创新联盟的运行成本主要包括交易费用、监督费用、激励费用与各种适应性成本等。联盟成员伙伴相互之间的相互信任可以大大地降低交易费用，提高产业技术创新联盟的合作效率；可以通过成员伙伴之间的相互约束，节省产业技术创新联盟的监督费用，提高成员伙伴参与产业技术创新联盟的积极性；降低激励费用可以预防与减少成员的"逆向选择"，防止道德风险，最终降低运行成本。

3. 增强产业技术创新联盟的组织适应能力

产业技术创新联盟成员伙伴之间的信任有利于联盟迅速做出决策，使产业技术创新联盟能够对市场的变化迅速地做出响应，积极地调整联盟的战略，提高联盟组织的适应能力。同时，联盟成员伙伴之间的相互信任可以进一步促进形成各方的紧密合作关系，做到核心竞争能力的优势互补，使企业最大限度地参与到联盟的创新合作中，实现产业技术创新联盟的最终目标。

## 4.2 重复博弈的理论基础

重复博弈（Repeated Game）是指相同结构的博弈多次重复进行，其中的每次博弈称为"阶段博弈（Stage Game）"。博弈的任何一个阶段都会产生一定的收益，对于博弈参与者而言，不同时期产生的收益所得到的效用是不相同的，而且在博弈的过程中还涉及到一个贴现的问题。重复博弈是博弈的一种延伸，是一种特殊的博弈方式，是动态博弈中的重要内容。

在重复博弈中，每次博弈的条件、规则和内容应该都是相同的，但因为存在长期利益，各博弈参与者在当前阶段的博弈中需要考虑到博弈参与者在后面阶段博弈过程中不能产生的对抗、报复和恶性竞争等行为。也就是说，不能像一次性静态博弈那样，不考虑其他博弈参与者的利益。博弈参与者一方做出一种合作的姿态，可能使其他博弈参与者在后面的阶段采取合作的态度，最终达到并实现长期的共同利益。

重复博弈具有如下特征：

（1）重复进行的各阶段博弈的结构保持不变，也就是前一个阶段博弈并不改变后一个阶段博弈的结构；

（2）所有博弈参与者都能获得过去博弈历史的相关信息；

（3）重复博弈中参与者的总支付是将所有各阶段博弈支付进行贴现后得到的和或加权平均值。

由于其他博弈参与者过去行动的历史是可以观测的，参与者可以在某个阶段博弈做出选择的时候，以其他博弈参与者过去的行动历史作为参考，因此，博弈参与者在重复博弈中的策略空间远远大于每一阶段博弈的策略空间。有学者的研究表明，如果博弈参与者一方重复地选择每一阶段博弈中的纳什均衡策略组合，最终会形成重复博弈的纳什均衡。也就是说，如果阶段博弈存在纳什均衡，那么，重复博弈中也会存在纳什均衡。重复博弈均衡的结果取决于两个主要因素：博弈的重复次数以及信息是否完全。这两个因素均涉及到博弈参与者对待短期利益和长期利益关系的态度。如果博弈只进行一次，每个博弈参与者都从自己的利益考虑，只关心一次性输赢；但是当博弈进行多次重复时，博弈参与者通常会联合采取行动，为了长期利益而牺牲短期利益，从而存在合作均衡，这种合作均衡为解释社会、经济、政治生活中许多合作行为和信任现象提供了依据。这种信息对以后的博弈阶段的其他博弈参与者也是有用的，因而信息的完备性也将影响参与者的行动或策略。当有关参与者的特征、支付函数等存在非对称信息或不确定性时，博弈参与者一方可能为了获取长远的更大利益而积极建立个人"信誉"。在许多博弈论的应用中，通常不可能以较大的概率决定博弈的最终时间，这就需要进行无限次的重复博弈。在无限次的重复博弈中，博弈参与者是选择"合作"，还是选择"不合作"；或者，博弈参与者之间的合作是否能够长期维持，关键是看"对不合作进行惩罚"这一威胁是否可信。要想使威胁可信，就必须使合作所获得的支付严格地大于惩罚支付（不合作时）。这样，当博弈重复无限次地进行时，博弈参与者才有继续合作的积极性。

我们假设 $G$ 是一个基本博弈，可以进行多次重复（次数可以是有限地，也可以是无限地），因此 $G(N)$ 就是一个重复博弈。我们把 $G$ 称为 $G(N)$ 的一个原博弈，则每次博弈被称为一个阶段博弈。当 $N$ 是可以确定的时候，我们称之为有限重复博弈，当 $N$ 无法确定时，我们称之为无限重复博弈。

在重复博弈 $G(N)$ 中，在 $t$ 阶段，博弈参与者 $i$ 选取的行动记为 $S_{it}$，其中 $S_{it} \in S_{it}$，那么，博弈参与者 $i$ 第 $t$ 期行动组合可以记为 $S_t = (S_{1t}, S_{2t}, \cdots, S_{nt})$，博弈参与者 $i$ 在 $N$ 期博弈过程中获得的总收益为：

$$\pi_i = \sum_{n=1}^{N} \delta^{n-1} P_i(S_n) \quad (4-1)$$

其中，$\delta$ 为贴现率，若利润率为 $r$，则贴现率为

$$\delta = \frac{1}{1+r} \quad (4-2)$$

对一次博弈而言，不存在概率来进行研究。但是当这个博弈进行多次重复时，我们可以研究各个策略在多大的概率上能够获得最大的平均收益。我们可以用期望值来进行表示，通过构造期望收益函数，比较两个不同混合策略的优势和劣势。

我们假设 $p = (p_1, p_2, \ldots, p_n)$ 是一个混合策略组合，其中，$p_i = (p_{i1}, p_{i2}, \ldots, p_{ik})$ 是 $S_i = (s_{i1}, s_{i2}, \ldots, s_{ik})$ 的一个概率分布，$u_i(s) = u_i(s_1, s_2, \ldots,$

$s_n$）是博弈参与者 $i$ 的收益函数。那么，可以用（4-3）表示博弈参与者 $i$ 的期望收益：

$$v_i(p_1, p_2, \ldots, p_n) = \sum_{s \in S}[p_1(s_1)p_2(s_2)\ldots p_n(s_n)] \times u_i(s_1, s_2, \ldots, s_n) \quad （4-3）$$

### 4.2.1 有限次重复博弈

我们假设 $G$ 是一个基本博弈，可以进行 $N$ 次重复（$N$ 可以是有限的），并且在每次重复之前，各博弈参与者都能观察到以前博弈的结果，这样的博弈过程称为 $G$ 的一个"$N$ 次重复博弈"，记为 $G(N)$。而把 $G$ 称为 $G(N)$ 的一个原博弈，则 $G(N)$ 中的每次博弈被称为一个阶段博弈。

在有限次重复博弈中，每次的博弈都有一组结果（收益组合），因此重复博弈中各博弈参与者的收益就等于它们各个阶段收益相加的"总收益"。如果博弈次数越少，重复时间较短，无需引用贴现系数；如果博弈次数较多，重复时间较长，可引用贴现系数 $\delta$，将未来收益贴现成当前收益。

下面我们来分析一下有限次重复"囚徒困境"博弈的问题。

有限次重复博弈简单地来说，就是阶段博弈实现有限次（$N$ 次）。假如我们考虑两阶段的博弈（$N=2$）。如表 4-1 所示的"囚徒困境"博弈：

表 4-1 囚徒困境的重复博弈矩阵

|  |  | 囚徒 2 | |
|---|---|---|---|
|  |  | 不坦白 | 坦白 |
| 囚徒 1 | 不坦白 | (−a, −a) | (−b, 0) |
|  | 坦白 | (0, −b) | (−c, c) |

从表 4-1 我们可以发现有一个纳什均衡（坦白，坦白），假设博弈进行有限次（$N$ 次），每个博弈参与者的收益等于各个阶段的收益之和。先分析 $n=N$ 阶段博弈参与者双方的选择，这仍然是一个基本的"囚徒困境"博弈。因此我们得出的结论是（坦白，坦白），双方收益为 $(-c, -c)$。现在回到 $n=N-1$ 阶段，理性的博弈参与者对于后一阶段的结局了如指掌，他们最终的选择肯定是（坦白，坦白）。因此，不管目前的博弈结果是什么，双方在 $N-1$ 阶段以后的最终收益都是在 $N-1$ 阶段收益的基础上各加上 $-c$，此时的收益矩阵如表 4-2 所示。

表 4-2  囚徒困境的 $N$ 阶段重复博弈矩阵

|  |  | 囚徒 2 | |
| --- | --- | --- | --- |
|  |  | 不坦白 | 坦白 |
| 囚徒 1 | 不坦白 | $(-b, -b)$ | $(-b-c, -c)$ |
|  | 坦白 | $(-c, -b-c)$ | $(-2c, 2c)$ |

## 4.2.2　无限次重复博弈

给定一个博弈 $G$，无限次重复进行 $G$ 博弈的过程称之为 $G$ 的无限次重复博弈，记为 $G(\infty, \delta)$。其中，$\delta$ 是各博弈参与者支付（也就是未来所得收益）共同贴现的系数，且 $0 \leq \delta \leq 1$。而且，对应于任意的 $t$ 而言，在进行第 $t$ 阶段的重复博弈之前，所有博弈参与者都能看见前面 $t-1$ 阶段的结果。各博弈参与者在 $G(\infty, \delta)$ 中的支付等于各阶段支付的贴现值。

我们给定贴现系数 $\delta$，在进行无限次重复博弈时，如果某一路径的博弈参与者各阶段的支付分别为 $\pi_1$，$\pi_2$，$\pi_3$，...，那么，该博弈参与者在这个无限次重复博弈中的总收益就等于各阶段博弈收益的现值和，那么总收益 $U$ 为：

$$U = \pi_1 + \delta\pi_2 + \delta^2\pi_3 + ... = \sum_{t=1}^{\infty}\delta^{t-1}\pi_t \quad (4-4)$$

如果有一个常数 $\pi$，它是无限次重复博弈中每一阶段博弈的平均支付，那么总支付 $U$ 为：

$$U = \pi + \delta\pi + \delta^2\pi + ... = \frac{\pi}{1-\delta} \quad (4-5)$$

（1）当 $\delta \to 0$ 时，博弈参与者具有短视行为，只能对这一期以及最近几期的决策做出选择；

（2）当 $\delta \to 1$ 时，博弈参与者可以做出长远的决策，他知道通过其他博弈参与者的反应影响，他目前的行动决策将影响到未来的收益，因此他会进行长远打算，协调其行动决策。

下面我们来看一下无限次重复"囚徒困境"博弈以及无限次重复博弈的无名氏定理。

1. 无限次重复"囚徒困境"博弈

尽管阶段博弈中存在唯一的纳什均衡（$NE$）是不合作的（坦白，坦白），在有限次重复时，唯一的子博弈完美 $NE$（坦白，坦白）还是在每个阶段出现。可是在无限次重复（在可以预见的将来是不会结束的）博弈的情况下，只要博弈参与者等待足够长的时间，此时 $\delta \to 1$，那么，每个阶段的行动组合（不坦白，不坦白）就是一个子博弈的完美 NE。

考虑博弈参与者的冷酷战略（或者叫触发战略）：在第一阶段选择不坦白，且在以后的任意阶段 t（如果之前的 t–1 阶段的结果是双方都不坦白）将继续选择不坦白，否则从 t 阶段开始永远选择坦白。我们还是考虑表 4-1 的"囚徒困境"矩阵的无限次重复博弈。

第一阶段：坦白

贴现值的和为：

$$0+\delta(-c)+\delta^2(-c)+\delta^3(-c)+\cdots=\frac{-c\delta}{1-\delta} \quad (4-6)$$

而不坦白（合作）的结果将是：

$$-a+\delta(-a)+\delta^2(-a)+\delta^3(-a)+\cdots=\frac{-a}{1-\delta} \quad (4-7)$$

我们假设不坦白的现值≥坦白的现值，则有：

$$-a/(1-\delta) \geqslant -c\delta/(1-\delta) \quad (4-8)$$

得出，

$$\delta \geqslant \frac{a}{c} \quad (4-9)$$

这说明，当且仅当 $\delta \geqslant \frac{a}{c}$ 时，给定囚徒 2 的触发策略，并且囚徒 2 没有首先选择坦白，囚徒 1 也不会首先选择坦白。

假定囚徒 1 首先选择了坦白，并按照冷酷策略一旦选择坦白将永远选择坦白，那么不论 δ 多大，囚徒 2 都有足够的积极性坚持坦白来惩罚囚徒 1 的不合作策略。子博弈可以划分为两类：第一类，没有任何博弈参与者曾经坦白；第二类，至少有一个博弈参与者曾经坦白。如果 $\delta \geq \dfrac{a}{c}$，表示博弈参与者有足够的耐心，冷酷战略是无限次囚徒博弈的一个子博弈精炼纳什均衡。每一阶段的均衡结果都是（不坦白，不坦白）。

如果博弈重复无限次，并且每个博弈参与者都会等待足够长的时间，任何短期的机会主义行为的所得都是微乎其微的，那么博弈参与者有积极性为自己建立一个合作的声誉。同时，有积极性惩罚对方所采取的机会主义行为。

2. 无限次重复博弈的无名氏定理

我们假设，$G$ 是一个完全信息的静态博弈，我们用 $(e_1, e_2, \cdots, e_n)$ 表示 $G$ 的一个纳什均衡的收益，用 $(x_1, x_2, \cdots, x_n)$ 表示 $G$ 的任意可以实现的收益。如果，存在 $x_i > e_i$ 对于任意的博弈参与者 $i$ 都成立，而 $\delta$ 无限接近 1，那么，无限次重复博弈 $G(\infty, \delta)$ 中一定存在一个子博弈完美纳什均衡路径，可以实现各博弈参与者的平均收益为 $(x_1, x_2, \cdots, x_n)$。

在无限次重复博弈中，如果博弈参与者有足够的耐心（也就是 $\delta$ 满足一定的条件），那么，任何满足个人理性的可行收益向量都可以通过一个特定的子博弈精炼纳什均衡得到。

## 4.3 基于有限次博弈分析的信任机制构建

在有限次博弈的理论中,"囚徒困境"是最基础的纳什均衡博弈,并且被学者多次应用到各种博弈分析中。从博弈论的角度来看,产业技术创新联盟中的企业与高校(或科研院所),都会选择对自己有利的最优策略。一般而言,产业技术创新联盟的成员都只为自己做打算,也就是选择对自己最有利的策略,不会考虑联盟的其他成员伙伴的利益。产业技术创新联盟内的成员伙伴所处的经济环境是时刻变化的,在合作时存在许多不确定性因素。

### 4.3.1 基本假设

国内外许多学者都已将单次"囚徒困境"的博弈理论运用到地方政府之间关系的研究中[113](孔娜,2012)。但是,"囚徒困境"博弈有着非常的严格假设条件。

1. 企业与高校(或科研院所)的博弈

在这里,为了方便研究,我们假设产业技术创新联盟中只有企业、高校(或科研院所)参与博弈,它们是有限理性的。而且,企业、高校(或科研院所)都有两种策略选择——信任或不信任。双方在选择信任或不信任的时候,会出现四种情况:①若双方均选择信任,那么,双方各自都将获得 $R_1$ 单位的收益;②若企业选择信任,而高校(或科研院所)选择不信任,那么企业将由于高校(或科研院所)的不信任而遭受收益的损失,而最终只获得单位 $R_2$ 的收益;高校（或科研院所）选择不信任会获得若干单位的额外收益，最终获得单位 $R_3$ 的收益；③反过来，如果高校（或科研院所）选择信任，而企业选择不信任，双方获得的收益分别为 $R_2$，$R_3$；④若双方均选择不信任，那么双方各自获得的收益只有单位 $R_4$。"囚徒困境"的支付矩阵如表 4-3 所示。

表 4-3 信任的一次性博弈模型

|  |  | 高校（或科研院所） | |
| --- | --- | --- | --- |
|  |  | 信任 | 不信任 |
| 企业 | 信任 | （$R_1$，$R_1$） | （$R_2$，$R_3$） |
|  | 不信任 | （$R_3$，$R_2$） | （$R_4$，$R_4$） |

2. 企业与企业的博弈

如果只考虑两个企业之间的博弈，根据企业与高校（或科研院所）的博弈的分析，我们可以得到类似的结果，这里不再赘述。

## 4.3.2 博弈分析

从表 4-3 我们可以看出：①如果联盟中的企业采用信任的策略，同时高校（或科研院所）也选择信任的策略时，双方均能获得的收益为 $R_1$；②如果联盟中的高校（或科研院所）选择不信任策略，而企业选择信任策略时，高校（或科研院所）获得的收益为 $R_3$，企业获得的收益为 $R_2$；③如果联盟中的企业选择不信任策略，而高校（或科研院所）采用信任策略时，企业获得的收益为 $R_3$，高校（或科研院所）获得的收益为 $R_2$；④如果联盟中的企业、高校（或科研院所）均选择不信任策略，双方的收益均为 $R_4$。

从表4-3可以看出，企业、高校（或科研院所）的首次博弈是一个典型的"囚徒困境"模式，由其逻辑可知：$R_3>R_1>R_4>R_2$。

如果采用有限次性的博弈方式，我们可以采用"囚徒困境"的博弈原理对产业技术创新联盟中的企业、高校（或科研院所）的策略选择进行解释和分析。从"囚徒困境"的原理来看，企业、高校（或科研院所）都不会考虑联盟成员伙伴乃至整个联盟的利益，双方都只会站在自己的角度考虑，最大化自身的利益，该博弈的纳什均衡是（不信任，不信任）。其结果是并未达到帕累托最优，企业、高校（或科研院所）均无法产生有效的收益，整个产业技术创新联盟的收益并不是最佳选择，只能达到最小值。

如果采用有限次的博弈理论来分析在产业技术创新联盟中企业、高校（或科研院所）的决策，那么，根据有限次重复博弈定理，如果阶段博弈只存在一个纳什均衡，且这个纳什均衡的解是唯一的，企业、高校（或科研院所）做出的决策只是一次性博弈均衡的简单重复。如果企业、高校（或科研院所）在开始进行合作时，双方进行博弈的次数是有限的，并且双方能够准确地估计出博弈的次数，那么，（不信任，不信任）的策略仍然是企业、高校（或科研院所）的最终纳什均衡策略组合。

由于博弈的一次性，产业技术创新联盟内的企业、高校（或科研院所）都会从自身的角度出发，而选择追求自身的收益最大化，不会顾忌对手的策略选择。该结果对于联盟的成员伙伴以及整个产业技术创新联盟来说，都不是最佳的策略选择。产业技术创新联盟中的企业、高校（或科研院所）如果想实现整个产业技术创新联盟的效益最大化，双方就应该突破一次性博弈的界限，进入重复博弈的阶段，充分考虑对方的策略选择，寻求整个联盟的高效率。

如果考虑企业与企业之间的博弈，得到的结果与企业和高校（或科研院所）之间的博弈结果类似。

## 4.4 基于无限次博弈分析的信任机制构建

如果产业技术创新联盟内的企业、高校（或科研院所）进行的是多次重复博弈，经过无限次的决策后，双方可以成功摆脱"囚徒困境"，最终使整个产业技术创新联盟实现最大的效益，达到最优的均衡点。在产业技术创新联盟中各方增加博弈次数，进行长期合作时，与联盟成员伙伴之间的初次博弈决策相比，由于机会主义得到报复的概率很大，因此不诚信的一方得到惩罚和报复的机会要多得多。从长远利益出发，产业技术创新联盟内的企业、高校（或科研院所）会充分地考虑欺诈的成本，自觉减少欺骗对方的行为，为企业、高校（或科研院所）之间的长期信任合作提供可能，不再追求短期的一次性收益，更多地考虑企业、高校（或科研院所）之间的长期合作的更大收益，客观上有利于建立整个产业技术创新联盟的信任机制。

### 4.4.1 基本假设

在博弈中，产业技术创新联盟中的企业、高校（或科研院所）均采用冷酷战略。首先，企业、高校（或科研院所）第一次都做出的是信任的选择；其次，如果博弈中的一方始终都采用的是信任决策，那么对方也不会做出不信任的选择;最后,如果一旦博弈的一方终止了信任决策,进而选择了不信任策略,另一方则会进行报复,将会永远选择不信任策略。我们继续以上述一次性博弈为例,在表4-3中,产业技术创新联盟内的企业、高校(或科研院所)分别进行多次重复博弈。我们假设用 $n$ 表示重复的次数,当重复博弈开始进行时,我们令 $n=1$。同时,重复博弈能进行下去的另外一个前提条件就是,博弈双方必须有足够的耐心,这里我们用 $\delta$ 表示博弈双方的耐心程度,我们称 $\delta$ 为贴现因子。我们限定 $\delta$ 值域区间为 [0,1]。博弈双方的耐心程度与 $\delta$ 成正比,值越小,则表示参与人的耐心越差;值越大,说明参与人的耐心越好。需要指出的是:多次重复博弈没有最后阶段,不能通过逆向归纳法来进行求解。

### 4.4.2 博弈过程

1. 联盟中的企业选择信任策略的假设

如果联盟中的企业选择信任策略,则高校也一直选择信任策略。也就是说,高校不会选择不信任,这样就不会存在(信任,不信任)这样的策略组合。我们根据表4-3的决策组合可以发现,如果企业一直采用信任策略,那么,企业每次博弈的收益均为 $R_1$,则进行 $N$ 次重复博弈的收益之和为 $L_1$,则有:

$$L_1 = R_1 + R_1\delta + R_1\delta^2 + \cdots + R_1\delta^{n-1} = \frac{R_1(1-\delta^n)}{1-\delta} \quad (4-10)$$

因为我们进行的是无限次的重复博弈,最终:

## 第4章 产业技术创新联盟的信任机制

$$L_1 = \frac{R_1}{1-\delta} \quad (4-11)$$

同样地,高校每次博弈的收益也为 $R_1$,则进行 $N$ 次重复博弈的收益之和也为 $L_1$。

2. 联盟中的企业选择不信任策略的假设

如果联盟中的企业在第一次博弈时就做出不信任的决策,在高校(或科研院所)不知情的情况下,企业获得 $R_3$ 的收益。但是,由于企业在第一次做出了不信任的策略选择,博弈的另一方高校(或科研院所)则会在后面的阶段对企业进行报复,即从第二次及以后的博弈过程中,高校(或科研院所)会采取报复策略对联盟中的企业进行惩罚,也会选择不信任。此时,两者的收益均为 $R_4$。则进行 $n$ 次博弈后,联盟中的企业的收益为 $L_2$,则有:

$$L_2 = R_3 + R_4\delta + R_4\delta^2 + \cdots + R_4\delta^{n-2} = R_3 - R_4 + \frac{R_4(1-\delta^{n-1})}{1-\delta} \quad (4-12)$$

因为我们进行的是无限次的重复博弈,最终:

$$L_2 = R_3 + \frac{R_4\delta}{1-\delta} \quad (4-13)$$

同样地,联盟中的高校(或科研院所)的收益为 $L_3$,则有:

$$L_3 = R_2 + R_4\delta + R_4\delta^2 + \cdots + R_4\delta^{n-2} = R_2 - R_4 + \frac{R_4(1-\delta^{n-1})}{1-\delta} \quad (4-14)$$

得出:

$$L_3 = R_2 + \frac{R_4\delta}{1-\delta} \quad (4-15)$$

### 4.4.3 博弈的结果分析

（1）对于企业而言，我们假设 $L_1>L_2$

联立式（4-11）和式（4-13），求得，$\delta > \dfrac{R_3-R_1}{R_3-R_4}$。当贴现因子大于 $\dfrac{R_3-R_1}{R_3-R_4}$ 时，产业技术创新联盟中的企业具有一定的耐心，与高校发生多次合作以后，企业必定会采取信任策略。同样地，由博弈的对称性可知，对于技术创新联盟中的高校（或科研院所）而言，他们最有利的决策选择应该是信任。此时，对于整个技术创新联盟而言，获得的总收益也是最大的。这说明，只要重复足够多的博弈次数，高校（或科研院所）就有可能对企业采用欺诈行为进行惩罚和报复，因此企业在第一次博弈过程中，最优策略应该是选择信任。

产业技术创新联盟中的企业、高校（或科研院所）在长时间的重复博弈中，如果企业一旦选择不信任，在后续的阶段，高校（或科研院所）一定会拒绝再与其进行合作。这样，从长远的角度来看，选择不信任的企业会失去更多的利益。相反，若企业一直选择信任策略，高校（或科研院所）也会保持合作的态度，继续选择信任，与其合作，从而取得长期的更大收益。在产业技术创新联盟中，企业和高校（或科研院所）均选择信任策略，是建立良好的联盟信任机制的重要基础。

（2）对于高校（或科研院所）而言，我们假设 $L_1>L_3$

联立式（4-11）和式（4-15），求得，$\delta > \dfrac{R_3-R_1}{R_3-R_4}$。当贴现因子

### 第4章 产业技术创新联盟的信任机制

大于$\dfrac{R_3-R_1}{R_3-R_4}$时，产业技术创新联盟中的高校（或科研院所）具有一定的耐心，与企业发生多次合作以后，高校（或科研院所）必定会采取信任策略。同样地，由博弈的对称性可知，对于技术创新联盟中的企业而言，他们最有利的决策选择应该是信任。此时，对于整个技术创新联盟而言，获得的总收益也是最大的。这说明，只要重复足够多的博弈次数，企业就有可能对高校（或科研院所）采用欺诈行为进行惩罚和报复，因此高校（或科研院所）在第一次博弈过程中，最优策略应该是选择信任。

产业技术创新联盟中的企业、高校（或科研院所）在长时间的重复博弈中，如果高校（或科研院所）一旦选择不信任，在后续的阶段，企业一定会拒绝再与其进行合作。这样，从长远的角度来看，选择不信任的高校（或科研院所）会失去更多的利益。相反，若高校（或科研院所）一直选择信任策略，企业也会保持合作的态度，继续选择信任，与其合作，从而取得长期的更大收益。在产业技术创新联盟中，企业和高校（或科研院所）均选择信任策略，是建立良好的联盟信任机制的重要基础。

（3）我们再来看另外一种极端情况：$\delta=1$

此时，企业选择不信任策略肯定会失去后续的合作机会，因为在无限次的重复博弈过程中，如果企业为了防止高校（或科研院所）对其采取报复行为，在后续的决策中也会采用不信任的决策，所以企业最优的决策还是应该选择信任。所以理性的企业认识到，采取报复行为对双方而言，都是不愿意看到的，相互信任才能给各自带来更大的收益和避免更多的损失。因此，在无限次的博弈过程中，双方有一定的耐心，那么企业、高校（或科研院所）都有很大的机会去选择信任对方，那么，整个产业技术创新联盟在长时间内就会达到一个高效率的运行。

## 4.5 引入奖惩机制的信任机制博弈

如果在产业技术创新联盟的运行中，引入奖惩机制对联盟的运行加强管理和协调，加强信息交流和沟通，促使联盟更加高效地运行，这样可以有效地消除企业和高校（或科研机构）之间的信任危机。对产业技术创新联盟的引导、监督和协调，可以减少信息不对称造成的不稳定现象，有利于联盟朝着更加有利的方向发展。

### 4.5.1 博弈过程

相关机构可以积极引导和监督产业技术创新联盟的运行，在联盟遇到问题时，采取有力的措施排除联盟运行过程中的阻碍。在监督过程中，主要通过对联盟成员的欺诈行为给予惩罚，而对于不欺诈行为则采用奖励。

我们假设企业选择信任策略的概率为 $p$，而高校（或科研院所）选择信任策略的概率为 $q$。如果企业、高校（或科研院所）同时选择信任策略，企业可以得到 $G_1$ 得的收益，高校（或科研院所）获得的收益也为 $G_1$；如果企业认为高校值得信赖的，而高校（或科研院所）

则认为企业不值得信赖,双方各自选择的策略不但不会给企业带来收益,反而会造成损失,我们把损失记为 $X$,而高校(或科研院所)获得 $G_2$ 的收益,且满足 $G_2>G_1$;如果高校(或科研院所)认为企业是值得信赖的,而企业则认为高校(或科研院所)不值得信赖,双方各自选择的策略不但不会给高校(或科研院所)带来收益,反而会造成损失,我们把损失记为 $X$,而企业获得 $G_2$ 的收益,且满足 $G_2>G_1$;如果双方都选择不信任,则双方获得的收益均为 $G_3$。而在监督的过程中,对采取信任的一方给予 $M$ 的奖励,对采取欺诈的一方给予 $N$ 的惩罚,则有如表 4-4 所示的博弈模型。

表4-4 引入奖惩机制的信任机制博弈

|  |  | 高校(或科研院所) | |
|---|---|---|---|
|  |  | 信任概率（$q$） | 不信任概率（$1-q$） |
| 企业 | 信任概率（$p$） | ($G_1+M$, $G_1+M$) | ($M-X$, $G_2-N$) |
|  | 不信任概率（$1-p$） | ($G_2-N$, $M-X$) | ($G_3-N$, $G_3-N$) |

根据以上的博弈过程来看,企业选择信任策略产生的收益的数学期望为:

$$L_1 = q(G_1+M)+(1-q)(M-X) = M+(G_1+X)q-X \quad (4-16)$$

企业选择不信任策略产生的收益的数学期望为:

$$L_2 = q(G_2-N)+(1-q)(G_3-N) = q(G_2-G_3)+G_3-N \quad (4-17)$$

高校(或科研院所)选择信任策略产生的收益的数学期望为:

$$L_3 = p(G_1+M)+(1-p)(M-X) = M+(G_1+X)p-X \quad (4-18)$$

高校(或科研院所)选择不信任策略产生的收益的数学期望为:

$$L_4 = p(G_2-N)+(1-p)(G_3-N) = p(G_2-G_3)+G_3-N \quad (4-19)$$

### 4.5.2 博弈分析

（1）假设 $L_1<L_2$

从假设可以看出，企业选择信任策略时的期望收益要小于选择不信任策略时的期望收益。此时，企业会选择不信任策略；

（2）假设 $L_1>L_2$

企业选择信任策略时的期望收益要大于选择不信任策略时的期望收益。此时，企业会选择信任策略；

（3）假设 $L_1=L_2$

此时，我们可以得到：

$$q = \frac{G_3+X-M-N}{G_1-G_2+G_3+X} \quad (4-20)$$

如果 $q \geqslant 1$，那么企业选择不信任策略时会产生超额收益，在这种情况下，企业会选择不信任策略；如果 $q \leqslant 0$，那么企业选择信任策略的收益会产生超额收益，在这种情况下，企业会选择信任的策略；如果 $0<q<1$，此时，存在混合策略纳什均衡。如果 $0 < \frac{M+N-G_3}{G_2-G_1-G_3} < q$，企业会选择采用不信任策略，则高校（或科研院所）也会选择不信任策略；如果 $q < \frac{M+N-G_3}{G_2-G_1-G_3} < 1$，企业会选择信任策略，则高校（或科研院所）也会选择信任策略。

同样地，因为博弈的对称性，此博弈对于高校（或科研院所）一样适用。

如果 $p \geq 1$，那么高校（或科研院所）选择不信任策略时会产生超额收益，在这种情况下，高校（或科研院所）会选择不信任策略；如果 $p \leq 0$，那么高校（或科研院所）选择信任策略会产生超额收益，在这种情况下，高校（或科研院所）会选择信任的策略；如果 0<q<1，此时，存在混合策略纳什均衡。如果 $0 < \frac{M+N-G_3}{G_2-G_1-G_3} < p$，高校（或科研院所）会选择采用不信任策略，则企业也会选择不信任策略；如果，$p < \frac{M+N-G_3}{G_2-G_1-G_3} < 1$，高校（或科研院所）会选择信任策略，则企业也会选择信任策略。

从以上博弈分析的结果可以看出，奖惩程度会影响到最终企业和高校（或科研院所）做出的最终选择。同样，企业、高校（或科研院所）选择信任的概率也会对他们最终的决策产生影响。政府的奖惩力度越大，成员伙伴之间的不信任成本越高，企业、高校（或科研院所）采取信任策略的概率越大，那么企业、高校（或科研院所）的守信可能性也就越大，可以形成良好的联盟信任机制。

## 4.6 产业技术创新联盟信任机制建立的障碍

通过上述博弈分析的结果可以发现，在产业技术创新联盟内建立良好的信任机制存在着很多障碍。

（1）一次性博弈的非最优结果。如果产业技术创新联盟内企业、高校（或科研院所）进行一次性博弈决策时，因为博弈是有限的且只有一次，那么企业、高校（或科研院所）往往都倾向于选择自己利益最大化的策略，会忽略其他成员伙伴的利益得失，也不会考虑整个产业技术创新联盟的利益得失，不能达到联盟成员伙伴的利益最大化，产业技术创新联盟的运行就不会很稳定。

（2）重复博弈信息的不对称性。当产业技术创新联盟中的合作伙伴之间的合作次数较多时，成员伙伴之间的策略选择行为会被其他企业了解，这样就可以有效地解决联盟中信任的囚徒困境难题，从而建立信任机制。但在实际中，信息往往是不对称的。通常信息的掌握者并不能及时有效地将信息传递给其他方，这样联盟中的其他成员伙伴就不能完全掌握缺失的信息。所以，重复博弈也不能使联盟内的成员获得最大利益，使联盟高效稳定地运行。

（3）联盟内成员伙伴的背景差异、文化冲突。参与产业技术创新联盟的企业、高校（或科研院所）由于存在不同的文化背景、管理理念、发展规划战略，这样在很大程度上会导致联盟内成员伙伴之间的矛盾激化，不利于成员伙伴之间信任关系的建立。

（4）技术创新能力的不足。企业之间建立产业技术创新联盟的主要原因是自身无法解决产品的开发和技术的更新，需要借助外部的力量和资源迅速取得技术上的突破。通常这些技术创新和技术开发的难度是很高的，但在产业技术创新联盟中，由于联盟成员伙伴没有充分认识到这些问题，不能将自身的情况和合作伙伴的情况有效地结合起来，导致不能充分发挥各自的技术创新能力。企业本身技术创新能力的不足也严重影响着联盟内的信任关系的建立。

## 4.7 本章小结

本章主要对产业技术创新联盟的信任机制进行了研究，分别对一次博弈、无限次重复博弈以及引入奖惩机制的博弈这三种情况展开了详细的分析。

（1）一次博弈的情况下，（不信任，不信任）的策略仍然是企业、高校（或科研院所）的最终纳什均衡策略组合。产业技术创新联盟内的企业、高校（或科研院所）往往会忽视合作伙伴的利益，选择的策略通常是站在自身的角度，只顾自身的收益最大化，但是该结果对于联盟的成员伙伴以及整个产业技术创新联盟来说，会损失整个联盟其他伙伴的利益，甚至牺牲整个联盟的利益。产业技术创新联盟中的企业、高校（或科研院所）为了保证产业技术创新联盟稳定运行，通常会突破一次性博弈的"囚徒困境"，使双方都进入重复博弈阶段，最终实现长期合作的战略目标。

（2）如果采用无限次博弈，当贴现率大于特定阈值时，产业技术创新联盟内的企业与高校（或科研院所）发生多次合作以后，企业必定会采取信任策略。同样地，由博弈的对称性可知，对于技术创新联盟中的高校（或科研院所）而言，信任也是他们的最优策略。此时，整个技术创新联盟会取得最大的总收益。

（3）如果在产业技术创新联盟的运行过程中，引入监督和激励机制，我们发现奖惩程度会影响到企业和高校（或科研院所）做出的最终选择。同样，企业、高校（或科研院所）选择信任的概率也会对他们最终的决策产生影响。奖惩力度越大，成员伙伴之间的不信任成本越高，企业、高校（或科研院所）采取信任策略的概率越大，那么企业、高校（或科研院所）的守信可能性也就越大，可以形成良好的联盟信任机制。

# 第 5 章　产业技术创新联盟的知识共享机制

　　随着知识经济时代的到来，知识已成为企业获得持续竞争优势的根本来源[113]。知识共享是指知识在不同主体（包括个人、组织以及群体等）之间的相互交流与传递，是知识管理的核心[114]，包括知识的贡献、传递和吸收等过程[115]。这是其他主体获得知识的简易途径，可以迅速提高组织的效率和促进社会经济的快速发展，是知识管理的核心内容。在产业技术创新联盟中，知识的共享是联盟迅速提高合作绩效的重要基础[116]。知识共享泛指知识拥有者（如个人、团队、组织等）提供自己所拥有的知识，供其他主体分享、学习和使用的行为。知识交互对象包括客户、制造企业、商务服务提供商、研究机构/大学、竞争者等价值链上的相关利益主体[117,118]。在新兴的产业技术创新联盟中，其知识共享的特征呈现多样化：①产业技术创新联盟的成员会通过结成联盟的方式获取对方的核心技术和知识产权，联盟中不同类型的主体（包括企业、政府、高校以及科研院所）都分别拥有各自的核心技术、专业知识或独有资源，这构成了组建产业技术创新联盟的核心要素，为联盟成员伙伴获取共享知识提供了便利条件；②知识共享为产业技术创新联盟各成员伙伴的合作所提供的最基本的保障，联盟可以加速推动产业技术创新；③政府在产业技术创新联盟中的主要作用是引导联盟内各种优势资源（包括知识资源）的有效配置。在产业技术创新联盟当中，成员伙伴可以通过加入联盟的方式，获取对方的核心技术和知识产权，包括知识选择与溢出、知识整合、知识吸收与应用三个步骤[119]。何瑞卿、黄瑞华等（2007）研究发现知识溢出有主动与被动两种类型，被动溢出容易造成知识拥有者的核心技术泄露，损害知识提供者的权益[120]。

然而，在产业技术创新联盟中，由于各成员伙伴拥有的知识存量、知识的经济属性特征及价值存在着一定的差异，不同成员伙伴的技术知识并不一定能形成有效的对接和整合，阻碍了各个行为主体积极参与产业技术创新联盟，影响了产业技术创新联盟的建设与发展，往往造成产业技术创新联盟的运行效率下降。因此，对产业技术创新联盟中各成员伙伴知识共享决策的分析，有助于提高知识共享的高效运行。Senge（1997）和Felin（2005）的研究发现，产业技术创新联盟内的各成员伙伴可以通过加入联盟的形式获取对方的技术知识，并根据自身的技术特点和属性进行有效整合。其实知识共享的过程也是一个技术创新的过程，可以增加企业的创造力。团队或组织层面的知识共享研究完全取决于员工知识共享的行为和动力[121,122]。知识是一种有价值的资源（特别是稀缺知识），如果知识拥有者向其他成员伙伴提供了自己专有的知识，就失去了主动权，失去了竞争优势，损害了自己的利益，最终导致出现"囚徒困境"和逆向选择[123]。Loasby（2002）认为从知识交互与共享过程来看，企业本身就是在不断发展和进步的，所处的环境也在不断变化，进而会影响企业的知识储量，拥有的知识存量是动态的,处于不断变化的状态。因此,组织的知识体系是一个不断变化的、动态的系统[124]。

对于产业技术创新联盟成员伙伴间知识共享的影响因素及知识共享的方式,国内外的学者积累了大量的研究文献。赵明霞、李常洪(2015)认为产业技术联盟可以通过提高产出、降低运行成本、提高成员伙伴的产出分享比例,激励成员伙伴更加积极努力地投入到联盟技术创新活动中[125]。迟考勋、袭著燕(2015)研究发现知识共享的逻辑流程设计是程序规划的基础;程序规划模式的形成需综合考虑知识共享不同步骤的特性;知识共享的制度构建应涵盖正式制度和非正式制度两方面内容[126]。龙跃、顾新、张莉(2016)研究表明:知识吸收能力、最大知识存量等因素对知识存量增长及均衡态具有正向反馈作用,通过政府向联盟注入知识存量增长的动力,构建"互惠共生+偏利共生"的生态关系,有望促进知识交互向高效率均衡演化[127]。施建刚(2015)以知识互补性、冲突、个体激励和团队激励等因素作为变量,构建了行为主体知识共享的激励模型,研究了相关变量的变化对知识共享的作用[128]。吴继兰(2015)等以组织激励投入、激励程度、激励差异化及个体效用差异等作为变量,构建了组织个体知识共享效用函数,研究了相关变量的变化对知识共享的反应机理[129]。Poppo和Zenger(2002)从管理制度的角度分析了制度对知识共享的影响,他们认为完善的知识管理制度和合理的约定程序可以有效地促进各行为主体合理、高效地进行知识共享,并可以合理地降低企业之间的协调成本,并提高联盟知识共享的效率和知识的准确性[130]。赵明霞、李常洪(2015)认为针对具有不同风险规避度的联盟成员伙伴，其个体成员伙伴的效用与产业技术创新联盟的总福利水平，会随着产出分享比例不同而表现出不同的变化趋势。对于风险规避程度越高的成员，增加其产出分享比例产生的效用边际贡献越小[125]。马雪君、吴洁、周斌（2015）提出模型的规则，针对模型的规则进行严格的数学推导，得出模型的精确解析公式；对解析式进行分析，对几种不同情况下的解析式做简化近似处理，并和模型仿真的数据进行对比验证，通过对仿真数据的比较分析，在一定程度上验证所建模型的科学性和实用价值[131]。

对于交互关系研究，近年来许多学者也将博弈论作为研究的基本分析工具和共同研究语言。因此，采用博弈方法视角研究知识共享中的关系与决策得到了广泛应用和发展[132]。陈东灵（2011）分析了在联盟组织中采用知识共享的纳什均衡和帕累托均衡[133]。龙跃、顾新、张莉（2016）设计了基于自组织和他组织知识共享的两阶段博弈模型[134]。刘臣、单伟、于晶（2014）以动态博弈论为基础，从组织内知识共享的单群体和多群体的角度出发，建立了相关模型，并分析了模型的进化稳定策略和稳定域[135]。

可以看出，从博弈论的角度对产业技术创新联盟的知识共享问题进行研究逐渐受到重视。本节主要采用演化博弈的理论对产业技术创新联盟的知识共享机制进行分析。

## 5.1　知识共享机制的作用

知识是组织学习和技术管理的核心问题，Teece（1997）认为如何管理知识会直接影响企业发展战略的选择和执行[26]。目前，对于产业技术创新联盟有关知识共享机制的研究还相对较少,主要集中在知识共享与绩效以及创新之间的关系。

1. 知识共享能增加企业绩效

Gold（2000）从组织能力的角度,分析了知识共享对企业绩效的影响。研究结果表明,知识共享与企业绩效之间存在着显著的正相关关系,并且可以通过知识共享的结果来衡量企业的绩效[136]。Chakravarthy（2007）的研究显示,知识共享能够有效地促进企业绩效的提升[137]。

2. 知识共享能提升企业创新能力

大量的研究表明,知识共享对企业的创新能力起着促进和激励作用,存在正相关关系。Urban（1988）的研究结果显示,顾客可以被看作是企业产品创新的重要来源,当顾客以使用者身份向企业分享信息时,可以帮助企业改进产品的功能[138]。Yli-Renko 等（2001）以高新企业为研究对象发现,顾客的知识共享是高新企业进行产品创新的主要源泉和动力[139]。同样,Capon（1999）在研究中发现,知识共享能够帮助软件开发者和客户之间建立良好的信任关系,提升工作效率,并最终完成产品的升级和创新。

## 5.2 演化博弈的理论基础

在传统博弈理论中,有两个基本假设条件:一是,参与人是完全理性的;二是,在完全信息条件下。但在现实中完全理性参与人是不存在的，参与人也不可能获得完整的信息。与传统博弈理论相比，演化博弈理论并不要求满足以上两个条件。西蒙（Simon.H.A.）在研究决策问题时，首先提出了"有限理性"这一概念[140]，他认为世界上并没有完全理性的人，只能在一定范围内接近理性。威廉姆森在研究交易费用的影响因素时，对"有限理性"进行了进一步的研究和阐述，认为人的"有限理性"是由人的感知认识能力和语言能力两方面的原因决定的。他认为：首先，人们对同一事物的认识、理解、感知、吸收和反应的能力是存在差异的，两个不同的人观察同一事物，得出的结论可能存在很大的差异；其次，还受到语言上的限制，因为个人在以别人能够理解的方式通过语句、数字或图表来表达自己的知识或感情时是有限制的，得出的结论也可能不完全相同。从这两个方面来看，完全理性的人根本就不可能存在，我们只能近似地看成是完全理性。因此，很有必要引入"有限理性"这一概念。

后来，有学者将博弈理论分析与动态演化过程分析进行了有机的结合，构成了现在的演化博弈理论。与传统的博弈论不同的是，演化博弈强调的是一种动态均衡。演化博弈认为群体中个体间的相互作用是一个关于他们所面对的局势（博弈环境与参与人状态）不断变化的动态过程，并且博弈局势与参与人行为相互依赖。

斯密斯（Smith，1974）[141,142]与皮尔斯（Price，1974）[142]提出了演化博弈理论中的基本概念——演化稳定策略（Evolutionary Stable Strategy），对于演化博弈理论能够在各个不同的领域得到极大的发展功不可没。斯密斯和皮尔斯的工作对博弈论提出了新的关注点，不再纠结于理性的问题，为博弈论的发展提供了新的研究方法和发展前景。

自此以后，对演化博弈论的研究日渐深入，许多学者也取得了辉煌的成就。20 世纪 80 年代，随着对演化博弈论研究的不断发展，在经济学、管理学和社会学领域内，演化博弈也得到了广泛的研究和应用。许多经济学家用演化博弈理论的方法分析社会制度变迁、产业演化以及股票市场等问题。同时对演化博弈理论的研究也开始由对称博弈向非对称博弈深入，其中的研究成果也是硕果累累。20 世纪 90 年代以来，演化博弈理论的研究又取得了新的突破，并产生了大量的研究成果。威布尔（Weibull，1995）对前人有关演化博弈理论的研究进行了研究和梳理[143]，囊括了当时演化博弈论的最新成果。克瑞斯曼（Cressman，1992）[144]以及萨缪尔森（Samuelson，1997）[145]等对演化博弈论的研究也做出了突出的贡献。随着研究的深入，新古典经济学的分析方法的重点也发生了转移：从原先一般均衡理论的均衡分析转向博弈论的纳什均衡分析，进而拓展为演化博弈趋向均衡分析[146]。

如今，演化博弈的研究领域也在不断地发展和突破，产生了丰硕的研究成果。演化博弈论目前成为演化经济学、管理学和社会学等学科领域内的一个非常有用的研究工具，并逐渐发展成一个新的学科领域。

## 5.2.1 演化博弈的演化稳定策略

在演化博弈论中，演化稳定策略（Evolutionarily Stable Strategy，ESS）和复制者动态（Replicator Dynamic）是两个最核心的概念。

为了描述演进过程的稳定状态，梅纳德·史密斯（Maynard Smith，1973，1974）[141,142]和皮尔斯（Price，1973）[142]提出了演化稳定策略的独特的解这一概念。根据前面提出的"有限理性"的概念，在博弈的过程中，博弈各方的最优策略与最优均衡点不可能一蹴而就，需要不断地考虑博弈对方的策略和自己过去的策略，不断地学习、试错和改进，逐渐找到博弈各方的最优策略和最优均衡点，直到各方的策略不能再进一步优化为止，此时的策略就是一个稳定的策略，我们称之为演化稳定策略。ESS 的基本思想是要求最优策略和最优均衡点的演化稳定策略能够"抵御"变异种群入侵。

下面我们来分析一下演化稳定策略的基本思想。假设存在两个不同的群体：一个群体包含绝大多数成员，而另外一个群体只有一小部分成员，这两个群体都分别有各自的策略选择。当两个群体融合时，我们比较两个群体的不同策略会给融合群体带来什么样的收益。如果小群体的策略给融合群体带来的收益大于大群体的策略给融合群体带来的收益，小群体就能成功入侵大群体，并以自身的策略取代原来大群体的策略，而达到一个演化稳定策略；如果小群体的策略给融合群体带来的收益小于大群体的策略给融合群体带来的收益，小群体的入侵失败，小群体就会被大群体吸收，而大群体原来的策略就是一个演化稳定策略。

假如一个群体使用策略 $S^*$ 处于稳定状态，那么，在其他的情况下，有任何突变者（Mutants）使用其他策略 $S$ 入侵，其所得到的收益是相对较小的，并不能使策略 $S^*$ 发生改变。

如果参与人使用策略 $S^*$ 的预期收益我们用 $E(S^*, S)$ 来进行表示，根据 Grseeman（1992）[121] 的定义，我们可以对演化稳定策略进行如下的规定：

（1）对所有不同于 $S*$ 的个体策略 $S$，如果有：

$$E(S*, S) \geqslant E(S, S*) \quad (5-1)$$

如果在式（5-1）中的等式成立，则

$$E(S*, S) > E(S, S*) \quad (5-2)$$

我们称 $S*$ 为单态 $ESS$。

从以上的分析可知，策略组合 $(S*, S*)$ 是纳什均衡。如果，参与者只有两个（或两个群体），并且，我们只限定有两种不同的策略，即只有策略 $S*$ 和策略 $S$，从上面的分析来看，我们获得一个演化稳定策略并不困难。

（2）而对于多个参与者来说，则需要对所有的策略进行定义。对于所有不同于 $S*$ 的策略 $S \in \Delta^m$，如果有：

$$E(S*, S) > E(S, S*) \quad (5-3)$$

如果在式（5-3）中的等式成立，则

$$E(S*, S) > E(S, S*) \quad (5-4)$$

我们称 $S*$ 为一个 $ESS$。

演化稳定策略并不是我们所要得到的最优均衡点，而只是一种策略。一般我们先不断试用不同策略，然后再比较策略是否给所有群体带来最大收益，从而判断这个策略是否能达到最优均衡点。但是演化稳定策略没有解释种群是如何达到这种策略的，一旦群体通过试错的方式获得了这个最优策略，这个策略就能给群体带来最优均衡，从而达到最稳定的状态。

## 5.2.2 演化博弈的复制者动态

复制者动态（Replicator Dynamic）是演化博弈的另外一个核心概念，这个概念是1978年Taylor和Jonker首次提出的[147]。复制者动态能有效地解释群体行为，并能对群体行为进行合理预测。复制者动态的概念提出以后，进一步促进了演化博弈理论的蓬勃发展，随后大量学者也展开了对演化博弈的进一步研究。

我们通常会采用复制者动态—马尔萨斯动力系统来构建一个群体间的动态调整过程，这样有助于我们更加方便解释群体是如何做出决策的。根据RD模型的原理，通常一个种群的适应能力有一个平均水平，随着时间的进程和外部环境的变化，如果其中某个小群体的适应能力发生了变化，逐渐超过了整个种群的平均水平，就会有更多的个体加入到这个小群体中来，而整体的适应能力就会增加，最后群体中的所有个体都会达到这个较高的适应能力水平。如果其中某个小群体的适应能力发生了变化，逐渐低于了整个种群的平均水平，就会有更多的个体加入到这个小群体中来，而整体的适应能力就会减弱，最后群体中的所有个体都会达到这个较低的适应能力水平。

我们用一个微分方程表示复制者动态在某一特定策略下一个种群中被采用的频数或频率，方程式如（5-5）所示：

$$\frac{dx_i}{dt} = x_i[(u_{s_i}, x) - u(x, x)] \quad (5\text{-}5)$$

其中，$x_i$表示一个种群中采用纯策略$s_i$的概率水平，$(u_{s_i}, x)$表示采用纯策略$s_i$时的适应能力，$u(x, x)$表示平均适应能力。

下面我们分析一个如表 5-1 所示 2×2 非合作重复博弈矩阵。其中，参与人 $G$ 在一次博弈中采取策略 $G_1$ 的概率为 $p$，参与人 $G$ 在一次博弈中采取策略 $G_2$ 的概率为 $1-p$；参与人 $H$ 在一次博弈中采取策略 $H_1$ 的概率为 $q$，参与人 $H$ 在一次博弈中采取策略 $H_2$ 的概率为 $1-q$。概率也可以解释为群体博弈中选取该策略的参与人的比例。

表 5-1　2×2 非合作重复博弈矩阵

|  | $H_1(q)$ | $H_2(1-q)$ |
|---|---|---|
| $G_1(p)$ | $(a,b)$ | $(c,d)$ |
| $G_2(1-p)$ | $(e,f)$ | $(g,h)$ |

（1）参与者 $G$

参与者 $G$ 采用纯策略 $G_1$ 的平均支付为：
$$U(G_1) = aq + c(1-q) \quad (5-6)$$

参与者 $G$ 采用纯策略 $G_2$ 的平均支付为：
$$U(G_2) = eq + g(1-q) \quad (5-7)$$

以 $p$ 和 $1-p$ 的概率采取策略 $G_1$ 和 $G_2$ 的平均支付为：
$$U(G) = p(aq + c(1-q)) + (1-p)(eq + g(1-q)) \quad (5-8)$$

（2）参与者 $H$

参与者 $H$ 采用纯策略 $H_1$ 的平均支付为：
$$U(H_1) = bp + f(1-p) \quad (5-9)$$

参与者 $H$ 采用纯策略 $H_2$ 的平均支付为：
$$U(H_2) = dp + h(1-p) \quad (5-10)$$

以 $r$ 和 $1-r$ 的概率采取策略 $H_1$ 和 $H_2$ 的平均支付为：

$$U(H) = q(bp + f(1-p)) + (1-q)(dp + h(1-p)) \quad (5\text{-}11)$$

如果统计结果表明，某一特定策略的平均收益大于混合策略的平均收益，那么，参与者则会倾向于采用这种策略。同时，我们假设其使用频率的相对调整速度与其收益超过平均收益的幅度成正比。

则参与者 G 对 p 的调整方程为：

$$\frac{dp}{dt} = p[U(G_1) - U(G)] \quad (5\text{-}12)$$

进而，我们可以得到

$$\frac{dp}{dt} = p(1-p)[(a-e+g-c)q - (g-c)] \quad (5\text{-}13)$$

参与者 H 对 q 的调整方程为：

$$\frac{dq}{dt} = q[U(H_1) - U(H)] \quad (5\text{-}14)$$

进而，我们可以得到

$$\frac{dq}{dt} = q(1-q)[(b-d+h-f)p - (h-f)] \quad (5\text{-}15)$$

从上述的复制者动态系统我们知道，对于任何起始点 $(P(0), q(0)) \in [0.1] \times [0.1]$，都有 $(p(n), q(n)) \in [0.1] \times [0.1]$，因此，动态复制系统曲线上的任意一点 $(p, q)$ 都对应着演化博弈的一个混合策略偶 $(p \oplus (1-p), q \oplus (1-q))$。

根据以上的分析我们可以看出，该复制者动态系统有 5 个均衡点：

$U_1(0,0)$, $U_2(1,0)$, $U_3(0,1)$, $U_4(1,1)$, $U_5\left(\dfrac{g-c}{a-e+g-c},\dfrac{h-f}{b-d+h-f}\right)$

（其中$0<\dfrac{g-c}{a-e+g-c},\dfrac{h-f}{b-d+h-f}<1$）

通过分析该系统的雅可比矩阵的局部稳定性，我们获得复制者动态系统均衡点的稳定性。根据Friedman的计算方法，我们可以得到动态系统的雅可比矩阵：

$$J=\begin{pmatrix}(1-2p)[(a-e+g-c)q-(g-c)] & p(1-p)(a-e+g-c) \\ q(1-q)(b-d+h-f) & (1-2q)(b-d+h-f)p-(h-f)\end{pmatrix}$$

五个均衡点分别表示不同的稳定性。下面我们对五个均衡点的局部稳定性的进行逐一分析，分析结果如表5-2所示。

表5-2 五个均衡点的局部稳定性

| 均衡点 | | J的行列式（符号） | J的迹（符号） |
|---|---|---|---|
| $U_1(0,0)$ | $p=0, q=0$ | $(g-c)(h-f)$ | $-(g-c)-(h-f)$ |
| $U_2(0,1)$ | $p=0, q=1$ | $(a-e)(h-f)$ | $(a-e)+(h-f)$ |
| $U_3(1,0)$ | $p=1, q=0$ | $(g-c)(b-d)$ | $(g-c)+(b-d)$ |
| $U_4(1,1)$ | $p=1, q=1$ | $(a-e)(b-d)$ | $-(a-e)-(b-d)$ |
| $U_5\left(\dfrac{g-c}{a-e+g-c},\dfrac{h-f}{b-d+h-f}\right)$ $p=\dfrac{g-c}{a-e+g-c}, q=\dfrac{h-f}{b-d+h-f}$ | | $\dfrac{(a-e)(g-c)(b-d)(h-f)}{(a-e+g-c)(b-d+h-f)}$ | 0 |

下面我们根据$a$、$b$、$c$、$d$、$e$、$f$、$g$、$h$的值的不同，可知J的行列式（符号）、J的迹（符号）。根据J行列式（符号）、J的迹（符

号）的取值不同，我们可以得出 16 种不同的结果，分别表示不同的稳定性和均衡点。下面，我们对这 16 种结果进行具体分析：

（1）当 $a>e$，$c>g$，$b>d$，$f>h$。其中，$U_1$、$U_2$、$U_3$、$U_4$ 分别表示复制者动态系统的四个均衡点，其中 $U_4$ 为稳定的结点，$U_1$ 为不稳定的结点，$U_2$、$U_3$ 为鞍点；

（2）当 $a>e$，$c>g$，$b>d$，$f<h$。其中，$U_1$、$U_2$、$U_3$、$U_4$ 分别表示复制者动态系统的四个均衡点，$U_4$ 为稳定的结点，$U_3$ 为不稳定的结点，$U_1$、$U_2$ 为鞍点；

（3）当 $a>e$，$c>g$，$b<d$，$f>h$。其中，$U_1$、$U_2$、$U_3$、$U_4$ 分别是复制者动态系统的四个均衡点，$U_2$ 为稳定的结点，$U_1$ 为不稳定的结点，$U_3$、$U_4$ 为鞍点；

（4）当 $a>e$，$c>g$，$b<d$，$f<h$。其中，$U_1$、$U_2$、$U_3$、$U_4$ 分别表示复制者动态系统的四个均衡点，$U_2$ 为稳定的结点，$U_3$ 为不稳定的结点，$U_1$、$U_4$ 为鞍点；

（5）当 $a>e$，$c<g$，$b>d$，$f>h$。其中，$U_1$、$U_2$、$U_3$、$U_4$ 分别表示复制者动态系统的四个均衡点，$U_4$ 为稳定的结点，$U_2$ 为不稳定的结点，$U_1$、$U_3$ 为鞍点；

（6）当 $a>e$，$c<g$，$b>d$，$f<h$。其中，$U_1$、$U_2$、$U_3$、$U_4$、$U_5$ 分别表示复制者动态系统的五个均衡点，$U_1$、$U_4$ 为稳定的结点，$U_2$、$U_3$

为不稳定的结点，$U_5$为鞍点；

（7）当$a>e, c<g, b<d, f>h$。其中，$U_1$, $U_2$, $U_3$, $U_4$, $U_5$分别表示复制者动态系统的五个均衡点，$U_5$为中心，$U_1$, $U_2$, $U_3$, $U_4$为鞍点；

（8）当$a>e, c<g, b<d, f>h$。其中，$U_1$, $U_2$, $U_3$, $U_4$分别表示复制者动态系统的四个均衡点，$U_1$为稳定的结点，$U_3$为不稳定的结点，$U_2$, $U_4$为鞍点；

（9）当$a<e, c>g, b>d, f>h$。其中，$U_1$, $U_2$, $U_3$, $U_4$分别表示复制者动态系统的四个均衡点，$U_3$为稳定的结点，$U_1$为不稳定的结点，$U_2$, $U_4$为鞍点；

（10）当$a<e, c>g, b>d, f<h$。其中，$U_1$, $U_2$, $U_3$, $U_4$, $U_5$分别表示复制者动态系统的五个均衡点，$U_5$为中心，$U_1$, $U_2$, $U_3$, $U_4$为鞍点；

（11）当$a<e, c>g, b<d, f>h$。其中，$U_1$, $U_2$, $U_3$, $U_4$, $U_5$分别表示复制者动态系统的五个均衡点，$U_2$, $U_3$为稳定的结点，$U_1$, $U_4$为不稳定的结点，$U_5$为鞍点；

（12）当$a<e, c>g, b<d, f<h$。其中，$U_1$, $U_2$, $U_3$, $U_4$分别表示复制者动态系统的四个均衡点，其中$U_2$为稳定的结点，$U_4$为不稳定的结点，$U_1$, $U_3$为鞍点；

（13）当 $a<e$, $c>g$, $b>d$, $f>h$。其中，$U_1$，$U_2$，$U_3$，$U_4$分别表示复制者动态系统的四个均衡点，其中$U_3$为稳定的结点，$U_2$为不稳定的结点，$U_1$，$U_4$为鞍点；

（14）当 $a<e$, $c<g$, $b>d$, $f<h$。其中，$U_1$，$U_2$，$U_3$，$U_4$分别表示复制者动态系统的四个均衡点，其中$U_1$为稳定的结点，$U_2$为不稳定的结点，$U_3$，$U_4$为鞍点；

（15）当 $a<e$, $c>g$, $b<d$, $f>h$。其中，$U_1$，$U_2$，$U_3$，$U_4$分别表示复制者动态系统的四个均衡点，其中$U_3$为稳定的结点，$U_4$为不稳定的结点，$U_1$，$U_2$为鞍点；

（16）当 $a<e$, $c<g$, $b<d$, $f<h$。其中，$U_1$，$U_2$，$U_3$，$U_4$分别表示复制者动态系统的四个均衡点，其中$U_1$为稳定的结点，$U_4$为不稳定的结点，$U_2$，$U_3$为鞍点；

## 5.3 基于博弈分析的知识共享机制构建

### 5.3.1 博弈模型的基本假设

首先，我们分析假设在不考虑产业技术创新联盟中政府作用的情况下，企业、高校（或科研院所）进行知识共享的博弈。同时，我们假设企业出于对知识共享收益的考虑，首先会采用知识共享策略。但

## 第5章 产业技术创新联盟的知识共享机制

在与高校（或科研院所）进行博弈的过程中，会采用两种行为方式：知识共享和知识不共享。同样地，由于博弈的对称性，假定高校（或科研院所）首先也会采用知识共享的策略，但在实际与企业博弈的过程中，也会出现两种行为方式：知识共享和知识不共享。

企业、高校（或科研院所）有两种行为策略：知识共享或知识不共享。对知识共享博弈的影响要素，我们进行如下假设：$A_i$ 为产业技术创新联盟中的企业 $i$ 拥有的知识总量；$a_i(0 \leq a_i \leq 1)$ 为企业 $i$ 愿意将知识用于共享的比率；$g_i$ 表示企业 $i$ 采用知识不共享的收益率；$h_i$ 为企业 $i$ 的共享知识产生的收益率。

同样地，站在高校（或科研院所）的角度，我们假设：$B_j$ 为产业技术创新联盟中的高校（或科研院所）$j$ 拥有的知识总量；$\beta_j(0 \leq \beta_j \leq 1)$ 为高校（或科研院所）$j$ 愿意将知识用于共享的比率；$g_j$ 表示高校（或科研院所）$j$ 采用知识不共享的收益率；$h_j$ 为高校（或科研院所）$j$ 的共享知识产生收益率。

通过以上的假设，我们来分析一下企业和高校（或科研院所）在进行知识共享的选择时各自能得到的收益情况。

（1）如果企业和高校（或科研院所）均选择知识共享

由于企业的知识量为 $A_i$，共享的比率为 $a_i$，则用于共享的知识量为 $A_i a_i$，剩下的为不共享的知识量，为 $A_i(1-a_i)$。这样来看的话，则企业自身的知识量可以带来的收益为：$A_i(1-a_i)g_i + A_i a_i h_i$。

由于高校（或科研院所）的知识量为 $B_j$，共享的比率为 $\beta_j$，则用于共享的知识量为 $B_j\beta_j$，剩下的为不共享的知识量，为 $B_j(1-\beta_j)$。这样来看，则高校（或科研院所）自身的知识量可以带来的收益为：$B_j(1-\beta_j)g_j + B_j\beta_jh_j$。

再来看一下企业和高校（或科研院所）的共享知识部分。

因为高校（或科研院所）拿出共享的知识量为 $B_j\beta_j$，这部分知识量可以给企业带来 $h_i$ 的收益率，则企业从高校（或科研院所）共享的知识量得到的收益总额为 $B_j\beta_jh_i$。因为企业拿出共享的知识量为 $A_ia_i$，这部分知识量可以给高校（或科研院所）带来 $h_j$ 的收益率，则高校（或科研院所）从企业共享的知识量得到的收益总额为 $A_ia_ih_j$。从上面的分析来看，最终由于企业采用知识共享的形式而使企业得到的收益为：$A_i(1-a_i)g_i + A_ia_ih_i + B_j\beta_jh_i$；高校（或科研院所）采用知识共享的形式而使高校（或科研院所）得到的收益为：$B_j(1-\beta_j)g_j + B_j\beta_jh_j + A_ia_ih_j$。

（2）如果企业共享知识，而高校（或科研院所）选择不共享知识

此时，对于企业来说，由于得不到高校（或科研院所）知识共享带来的收益，但是企业自身又有一部分知识被共享了，则企业的收益来自两部分：一部分是共享知识的收益，为 $A_ia_ih_i$；另一部分为知识不共享到来的收益，为 $A_i(1-a_i)g_i$。在这种情况下，企业最终得到的总收益为：$A_i(1-a_i)g_i + A_ia_ih_i$。

而对于高校（或科研院所），因为其没有将知识用于共享，但是同时却获得了企业知识共享带来的收益，则高校（或科研院所）的收益也来自两部分：一部分是自身全部没有共享的知识的收益，为 $B_j g_j$；另一部分为企业知识共享给其带来的收益，为 $A_i a_i h_j$。最终，高校（或科研院所）带来的总收益为 $B_j g_j + A_i a_i h_j$。

（3）如果高校（或科研院所）共享知识，而企业选择不共享知识

此时，对于高校（或科研院所）来说，由于得不到企业知识共享带来的收益，但是高校（或科研院所）自身又有一部分知识被共享了，则高校（或科研院所）的收益来自两部分：一部分是共享知识的收益，为 $B_j g_j h_j$；另一部分为知识不共享带来的收益，为 $B_j(1-\beta_j)g_j$。在这种情况下，企业最终得到的总收益为：$B_j(1-\beta_j)g_j + B_j \beta_j h_j$。而对于企业，因为企业没有将知识用于共享，但是同时却获得了高校（或科研院所）知识共享带来的收益，则企业的收益也来自两部分：一部分是自身全部没有共享的知识的收益，为 $A_i g_i$；另一部分为企业知识共享给其带来的收益，为 $B_j \beta_j h_i$。最终，高校（或科研院所）带来的总收益为 $A_j g_j + B_j \beta_j h_i$。

（4）如果企业和高校（或科研院所）均选择不共享知识

由于两者均选择不共享知识，则企业和高校（或科研院所）各自得到的收益分别来自于不共享知识所得到的收益。其中，企业得到的收益为 $A_i g_i$；高校（或科研院所）得到的收益为 $B_j g_j$。

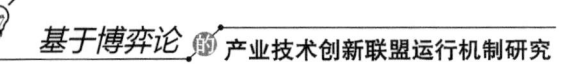

根据以上的分析，在表5-3中，我们建立了产业技术创新联盟中企业、高校（或科研院所）的知识共享机制博弈矩阵模型。

表5-3 知识共享机制的博弈模型

| | | 高校（或科研院所） | |
|---|---|---|---|
| | | 知识共享 ($q$) | 知识不共享 ($1-q$) |
| 企业 | 知识共享 ($p$) | $A_i(1-\alpha_i)g_i + (A_i\alpha_i + B_j\beta_j)h_i$,<br>$B_j(1-\beta_j)g_j + (A_i\alpha_i + B_j\beta_j)h_j$ | $A_i(1-\alpha_i)g_i + A_i\alpha_i h_i$,<br>$B_j g_j + A_i\alpha_i h_j$ |
| | 知识不共享 ($1-p$) | $A_i g_i + B_j\beta_j h_i$, $B_j(1-\beta_j)g_j + B_j\beta_j h_j$ | $A_i g_i$, $B_j g_j$ |

## 5.3.2 博弈分析

这里，我们进一步假设：在产业技术创新联盟中，企业 $i$ 以 $p$ 的概率会采取知识共享策略，那么，则有 $1-p$ 的概率选择知识不共享策略。同样地。假设在联盟内高校（或科研机构）$j$ 以 $q$ 的概率会采取知识共享策略，那么，则有 $1-q$ 的概率选择知识不共享策略。

1. 企业的博弈

企业 $i$ 在知识共享策略中产生的收益期望为：

$$U(i_1) = q\left[A_i(1-\alpha_i)g_i + (A_i\alpha_i + B_j\beta_j)h_i\right] + (1-q)\left[A_i(1-\alpha_i)g_i + A_i\alpha_i h_i\right]$$

（5-16）

企业 $i$ 在知识不共享策略中产生的收益期望为：

$$U(i_2) = q(A_i g_i + B_j\beta_j h_i) + (1-q)(A_i g_i)$$

（5-17）

那么，企业 $i$ 在整个产业技术创新联盟中由于知识共享策略的选择带来的平均收益为：

$$U(i) = pU(i_1) + (1-p)U(i_2) \quad (5\text{-}18)$$

下面我们按照演化博弈理论，建立复制者动态方程：

$$\frac{dp}{dt} = p[U(i_1) - U(i_2)] \quad (5\text{-}19)$$

我们将（5-16）、（5-17）和（5-18）代入（5-19）中，最终可以得到：

$$\frac{dp}{dt} = p[U(i_1) - U(i_2)] = p(1-p)A_i a_i (h_i - g_i) \quad (5\text{-}20)$$

根据以上的分析，我们可以将企业 $i$ 的知识共享博弈演化过程可以通过复制动态方程式（5-20）进行描述。

此时，在方程（5-20）中，我们令：

$$\frac{dp}{dt} = p[U(i_1) - U(i_2)] = p(1-p)A_i a_i (h_i - g_i) = 0 \quad (5\text{-}21)$$

可以得到，当 $p=0$ 或 1，或 $h_i = g_i$ 时，联盟中的企业 $i$ 采用知识共享策略的概率是稳定的。根据以上分析，我们可以得到企业 $i$ 知识共享的演化博弈模型的均衡点。现在我们就上面的三种情况进行具体分析。

（1）当 $h_i = g_i$ 时

当 $h_i = g_i$ 时，企业的复制动态相位图如图 5-1 所示。

图 5-1　当 $h_i = g_i$ 时企业的复制动态相位图

我们始终有$\frac{dp}{dt}=0$，即所有的$p$都是稳定状态，也就是说，只有企业在采用知识共享和采用知识不共享时，才能够得到相同的收益，企业会采用知识共享的策略，给联盟收益带来最大化。

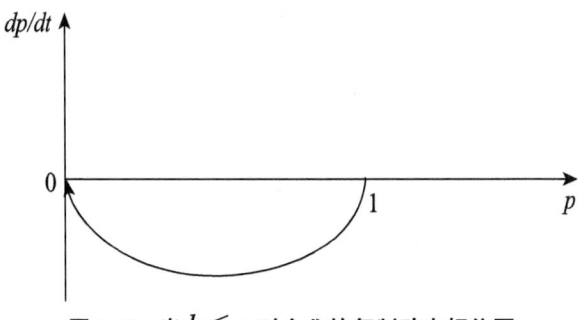

（2）当$h_i>g_i$时

当$h_i>g_i$时，企业的复制动态相位图如图5-2所示。

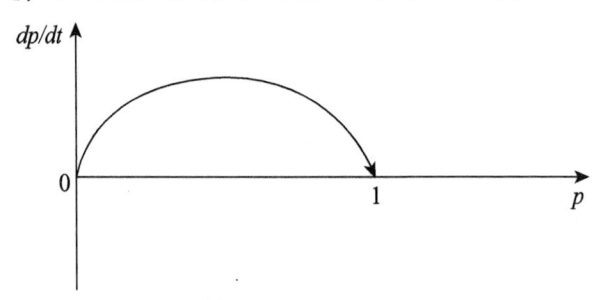

图5-2 当$h_i>g_i$时企业的复制动态相位图

始终有$\frac{dp}{dt}>0$，只有$p=0$和$p=1$是$p$的两个稳定状态，其中$p=1$是演化稳定策略，也就是说，只有企业在采用知识共享策略的收益大于采用知识不共享时得到的收益时，企业才会采用知识共享的策略，给联盟的收益带来最大化。

（3）当$h_i<g_i$时

当$h_i<g_i$时，企业的复制动态相位图如图5-3所示。

图5-3 当$h_i<g_i$时企业的复制动态相位图

始终有$\frac{dp}{dt}<0$，只有$p=0$和$p=1$是$p$的两个稳定状态，其中$p=0$是演化稳定策略，也就是说，只有企业在采用知识共享策略的收益大于采用知识不共享时得到的收益时，企业才会采用知识共享的策略，给联盟的收益带来最大化。

2. 高校（或科研院所）的博弈

同样地，高校（或科研院所）$j$在知识共享策略中产生的收益期望为：

$$U(j_1) = p\left[B_j(1-\beta_j)g_j + (A_i\alpha_i + B_j\beta_j)h_j\right] + (1-p)\left[B_j(1-\beta_j)g_j + A_i\alpha_i h_j\right] \quad (5-22)$$

高校（或科研院所）$j$在知识不共享策略中产生的收益期望为：

$$U(j_2) = p(B_j g_j + A_i\alpha_i h_j) + (1-p)(B_j g_j) \quad (5-23)$$

那么，高校（或科研院所）$j$在整个整个产业技术创新联盟中由于知识共享策略的选择带来的平均收益为：

$$U(j) = qU(j_1) + (1-q)U(j_2) \quad (5-24)$$

下面我们按照演化博弈理论，建立复制者动态方程组：

$$\frac{dq}{dt} = q\left[U(j_1) - U(j_2)\right] \quad (5-25)$$

我们将（5-22）、（5-23）和（5-24）代入（5-25）中，最终可以得到：

$$\frac{dq}{dt} = q\left[U(j_1) - U(j_2)\right] = q(1-q)B_j\beta_j(h_j - g_j) \quad (5-26)$$

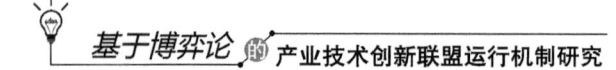

根据以上的分析，我们可以将高校（或科研院所）$j$的知识共享博弈演化过程可以通过复制动态方程式（5-26）进行描述。

此时，在方程（5-26）中，我们令：

$$\frac{dq}{dt} = q[U(j_1) - U(j_2)] = q(1-q)B_j B_j (h_i - g_j) = 0 \quad （5-27）$$

可以得到，当 $q=0$ 或 1，或 $h_i = g_i$ 时，联盟中的高校（或科研院所）$j$ 采用知识共享策略的概率是稳定的。根据以上分析，我们可以得到高校（或科研院所）$j$ 知识共享的演化博弈模型的均衡点。

（1）当 $h_i = g_i$ 时

始终有 $\frac{dq}{dt} = 0$，即所有的 $q$ 都是稳定状态，也就是说，只有高校（或科研院所）在采用知识共享和采用知识不共享时得到的收益相同时，高校（或科研院所）才会采用知识共享的策略，给联盟的收益带来最大化（图5-4）。

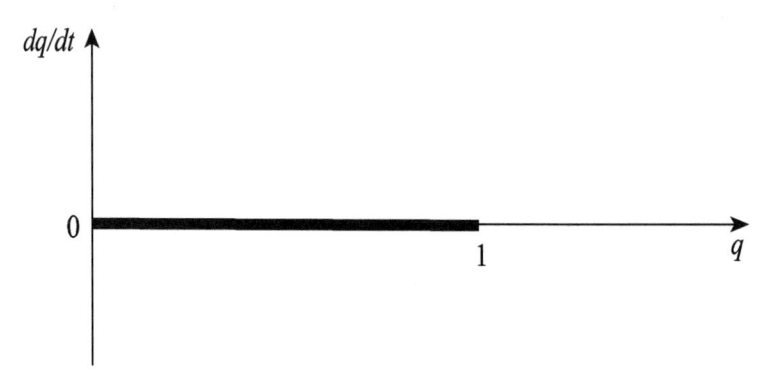

图5-4　当 $h_i = g_i$ 时高校（或科研院所）的复制动态相位图

（2）当 $h_i > g_i$ 时

当 $h_i > g_i$ 时，高校（或科研院所）的复制动态相位图如图5-5

所示。

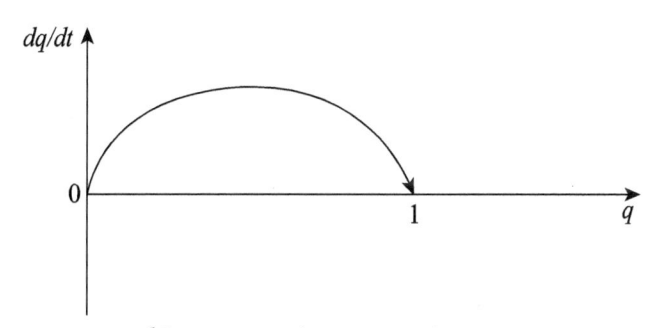

**图5-5 当 $h_i > g_i$ 时高校（或科研院所）的复制动态相位图**

始终有 $\dfrac{dq}{dt}>0$，只有 $q=0$ 和 $q=1$ 是 $q$ 的两个稳定状态，其中 $q=1$ 是演化稳定策略，也就是说，只有高校（或科研院所）在采用知识共享策略的收益大于采用知识不共享时得到的收益时，高校（或科研院所）才会采用知识共享的策略，给联盟的收益带来最大化。

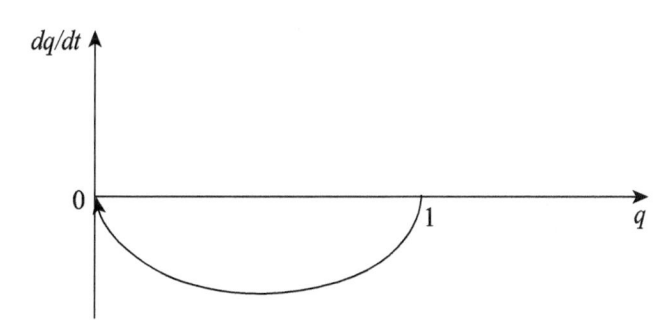

（3）当 $h_i < g_i$ 时

当 $h_i < g_i$ 时，高校（或科研院所）的复制动态相位图如图5-6所示。

**图5-6 当 $h_i < g_i$ 时高校（或科研院所）的复制动态相位图**

始终有 $\dfrac{dq}{dt}<0$，只有 $q=0$ 和 $q=1$ 是 $q$ 的两个稳定状态，其中 $q=0$ 是演化稳定策略，也就是说，只有高校（或科研院所）在采用知识共

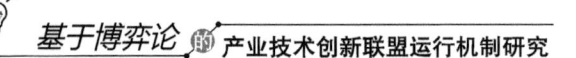

享策略的收益大于采用知识不共享时得到的收益时，高校（或科研院所）才会采用知识共享的策略，给联盟的收益带来最大化。

## 5.4 本章小结

本章主要通过构建演化博弈模型对产业技术创新联盟的知识共享机制进行研究。我们发现在联盟运行过程中，无论是企业还是高校（或科研机构）均认为，只有当它们将自身拥有的知识进行共享所带来的收益大于或等于知识不共享带来的收益时，联盟内的成员伙伴才愿意将知识进行共享。

# 第 6 章 产业技术创新联盟的利益分配机制

在某种程度上说，产业技术创新联盟是一种特殊形式的战略联盟，其以市场为导向的特点决定了具备利益驱动的特性。在产业技术创新联盟中，必须采用特殊的方式决定成员的利益分配形式。产业技术创新联盟极大地提升了成员应对外界市场变化、科技创新水平等能力，但是同时也带来了较高的管理风险，建立良好的收益分配机制可以有效地保证收益与风险的协调统一。从利益分配角度来看分配问题也是一个激励问题[148]。利益分配不合理是导致联盟失败的重要原因之一[149]。Mody（1993）提出联盟应尽量避免易导致投机行为的平分收益分配方式[150]。

对于产业技术创新联盟的利益分配问题的研究，国内的学者做了大量的工作。从投入的角度对利润分配的研究中，李建玲、刘伊生、马欣（2013）认为联盟进行利益分配时应该以投入额度作为基础，联盟各成员的收益与各成员对联盟的投入额度成正比[151]。杨东、谢恩（2006）与李建玲等持有类似的观点，认为联盟的产出与联盟成员的投入和努力程度有关[152]。Amaldoss（2000）认为联盟成员对资源的投入额度受市场回报率的影响，并最终取决于联盟成员的利益分配形式，当市场回报率较高时且利益在联盟成员之间进行平均分配，联盟成员会加大投资力度，增加资源的投资额度，争取获得更多的利益；当市场收益率较低且按投入比例进行利润分配时，联盟成员会加大投资力度，增加资源的投资额度，争取获得更多的利益[153]。一些学者则运用委托代理理论设计收益共享合同，认为投入越多，给联盟带来的收益也越多[154]。卢纪华、潘德惠（2003）认为联盟成员的付出越多，其得到的收益也应该越多，两者成正比关系[155]。曾德明、张丹丹、张磊生（2015）以贡献率、投入比率、风险承担率及谈判力强度等要素作为变量，研究了这些变量与高技术产业技术创新联盟有形利益和无形利益分配的关系[156]。吴宪华（2001）认为效率较高或机会成本较低的合作伙伴应该获得更多的收益[157]。

以 Shapley 值法进行的研究中，戴建华、薛恒新（2004）认为在多方合作的产业技术创新联盟中，成员伙伴应该按照投入的多少进行利益分配，并采用 Shapley-value 法对分配方案进行了修正[158]。王发明、刘丹（2016）根据合作伙伴对联盟效益的贡献大小，利用 Shapley 值法研究了成员伙伴的利益分配方案[159]。王道平、张青霞、方放（2012）用 Shapley 值法对联盟的利益分配主体进行了研究，也认为在技术创新联盟中，联盟成员的利益分配应该由成员对联盟的贡献大小来决定，并且成正向关系变化，贡献越多利益分配就应该越多，贡献越少获得的利益也就越少，这样可以在一定程度上避免了平均分配和"搭便车"行为[160]。孙耀吾等（2014）构建了一个 Shapley 值二阶段修正模型，研究了如何在高技术服务创新网络中进行利润的合理分配[161]。

## 第6章 产业技术创新联盟的利益分配机制

在以模型为基础的研究中，刘云龙（2012）[162]、陈爱祖（2013）[163]、李建玲（2013）[164]等为了研究产业技术创新联盟中成员伙伴的合理分配方案，根据联盟的一般特点建立了相关的数学模型，对如何建立有效合理的利益分配机制提出了相关的建议。王建廷、王茂智（2016）对我国绿色建筑产业化与产业联盟的发展现状及特殊性进行分析，发现联盟利益分配存在的问题。通过建立利益分配数学模型，采用定性与定量相结合方法予以准确计算，旨在寻求更有效、合理的利益分配机制，使得联盟更具有绿色创新导向，各方协作积极性较高，且联盟整体利益较大，为推动我国绿色建筑产业联盟健康发展提供参考[165]。

还有学者以博弈论为基础进行了研究。冯蔚东、陈剑（2002）用Nash谈判模型研究了谈判问题的技术策略选择的问题，并建立了产业技术创新联盟的利益分配博弈模型[166]。吴朗（2009）从联盟组建和联盟解散两个阶段的角度，建立了相关模型，认为在联盟建设初期应该按投资大小和贡献多少进行利益分配，而在联盟解散阶段则采用不对称Nash协商模型确定最终利益分配方案[167]。刘敦虎、刘乃贵、赖廷谦（2016）分析了战略性新兴产业技术创新联盟在基础研究与应用开发两个阶段的投入博弈过程。研究表明：核心企业在多阶段博弈中倾向于增加应用开发阶段的投入，减少基础研究阶段的补贴比例。核心企业在应用开发阶段的投入越多，对基础研究阶段的补贴比例越高，代理组织对基础阶段的投入越多[168]。

本节内容主要采用重复博弈的理论基础对产业技术创新联盟的利益分配机制进行分析。

## 6.1 利益分配的原则

产业技术创新联盟是为了追求共同的经济利益而形成的一种契约合作关系，利益是联盟中各个成员伙伴之间相互合作的基础。为了保证产业技术创新联盟高效运行，顺利达成既定目标，必须对利益分配的问题予以高度重视，做好利益的分配工作，做到联盟内各成员伙伴最后的分配结果与其预期利益相互一致。

（1）平等互利互惠原则。产业技术创新联盟的共同目标是实现技术上的创新，实现共同的利益。联盟内各伙伴成员之间在合作中的地位以及对利润追求的权利是平等的。每个成员伙伴都要按自己在联盟中所投入的要素、分工、具体贡献来获得相应的利益。只有互利互惠才能谋求联盟的和谐发展，才能顺利完成联盟的既定目标。

（2）公平兼顾效率原则。产业技术创新联盟的经济效益来自联盟中所有成员伙伴的共同合作，各成员伙伴应该看作是一个整体，相互之间应在和谐团结的氛围中协作，避免各成员伙伴之间的相互竞争而发生内耗，影响产业技术创新联盟的效率。必须在公平和效率之间寻求平衡，做到利益分配公平兼顾效率。

（3）风险利益相匹配原则。在设计利益分配机制时，应充分考虑联盟中各成员伙伴对风险的承担和规避能力。应该给风险承受能力强、风险分担多的成员伙伴多分配利润。利益分配应当与风险的承受能力相适应，利益分配的比例取决于风险分担的比例。

（4）按劳分配原则。产业技术创新联盟中的各成员伙伴所获得的收益应与在联盟合作过程中所做出的贡献保持一致,在设计利益机制时应充分考虑各种影响因素,确定分配比例。

(5)兼顾各方利益原则。在产业技术创新联盟内部,利益关系是主线。成员伙伴各自利益的存在必然导致矛盾的存在,而兼顾各方利益,使联盟利益在各成员伙伴之间合理分配是解决此矛盾的关键。

## 6.2 利益分配方式

根据前面的分析得知,按照产业技术创新联盟中的成员伙伴在产业技术创新过程中所发挥的作用不同,我们将产业技术创新联盟划分为企业主导型、高校(或科研院所)主导型以及政府推动型等。产业技术创新联盟成员伙伴的利益分配方式与产业技术创新联盟的模式有着密切的关系。在产业技术创新联盟的运行过程中,企业与高校(或科研院所)在分担风险与共享利益的基础上进行技术协同创新。高校(或科研院所)将专利等创新成果转移到企业,转化为生产力。黄波、孟卫东等(2011)对固定支付式、产出分享式、混合式及改进混合式等利益分配的方式进行了研究[169]。这里,我们将产业技术创新联盟的利益分配方式做类似的假设,将利益分配方式分为:

1. 定额支付

定额支付方式是指按照产业技术创新联盟的事先约定,高校(或科研院所)取得了某种产业技术创新成果、知识产权或专利技术以后,企业为了获取科研创新成果的使用权及收益,可以给高校(或科研究院所）一次性支付（或一次性确定定额后分期支付）技术开发或转让费用。马亚男（2008）认为固定支付分配模式并不是最优的利益分配方案[170]。定额支付的价格可以通过第三方机构的评估结果确认，或者企业和高校（或科研院所）协商确定。在这种利益分配方式下，高校（或科研院所）是产业技术的发明者和创造者，而企业购买创新科研成果之后，将科研创新成果产业化，并取得经济收益，而高校（或科研院所）不再参与经济收益的分配。这种分配方式使技术创新成果有效地转化为利益，如果企业具有较强的创新成果转化能力，通常会倾向于采用这种方式进行利益分配。

2. 按产出比例分成

按产出比例分成的方式是产业技术创新联盟成员伙伴以技术、资金等要素投入合作开发，产生创新科研成果以后，将成果转化为生产力，从而产生经济效益。联盟的成员按照事先在合同或者契约中规定的分配比例进行利益分配。通常，产出的分成方式可以按照产量、销售额或利润等方式进行。如果采用定额支付，高校（或科研院所）将无法持续得到创新科研成果的收益。按产出比例分成可以合理地规避这个问题，能积极地促进和推动联盟成员伙伴的后续合作。在具有较强创新能力和资源互补性强的高校（或科研院所）主导型的产业技术创新联盟中，使用这种利益分配方式比较合适。

3. 定额支付 + 按产出比例分成

定额支付 + 按产出比例分成是将定额支付和按产出比例分成方式相结合。在定额支付 + 按产出比例分成方式中，高校（或科研院所）

提前获得一定额度的固定报酬，同时也可以从后续的产出收益中按一定比例获得相应的收益。定额支付+按产出比例分成方式能将产业技术创新联盟中的企业和高校（或科研院所）紧密联系到一起。对于企业来说，在研发的前期投入中，不需要花费大量的资金，又可以在科研成果投入到生产以后及时地回收科研投入的资金，是一种非常合理的分配方案。在产业技术创新联盟的实践中，获得创新研究成果的企业可以按两个阶段进行支付：第一阶段，可按照创新科研成果的评估结果支付高校（或科研院所）一笔固定资金，用于对前期投入的补偿；第二阶段，将创新科研成果转化为生产力并产生经济效益，然后按照事先协商的提成比例，根据成果产业化效益进行支付。定额支付+按产出比例分成方式适用于高校（或科研院所）创新能力强、企业创新能力较弱的产业技术创新联盟。

## 6.3 重复博弈的理论基础

对于产业技术创新联盟的利益分配机制的研究，主要还是采用重复博弈的研究方法。关于重复博弈的理论基础在前面的章节中已经进行了详细的阐述，这里不再赘述。

## 6.4 基于博弈分析的利益分配机制构建

根据上面的分析我们可以发现，定额支付具有低风险的优点，而按产出比例分成模式具有较好的激励功能，并具有一定的分担风险功能。

## 6.4.1 基本假设

这里,我们假设产业技术创新联盟是由一家企业和一家高校(或科研院所)共同构成的。在产业技术创新联盟的运行过程中,高校(或科研院所)主要负责基础性研究,并最终向企业提供科研成果,而企业则负责科研成果的生产转化和市场开发。用$c_u$表示高校(或科研院所)在研发上的投入,$c_e$表示企业在科研成果的生产转化和市场开发上的投入。

我们采用二次函数来计算各自的成本,则高校(或科研院所)的研发投入成本为:

$$C(c_u) = \frac{1}{2}\delta_u(c_u)^2 \quad (6-1)$$

其中,$c_\mu$为高校(或科研院所)的成本系数。

企业的科研成果转化和市场开发成本为:

$$C(c_e) = \frac{1}{2}\delta_e(c_e)^2 \quad (6-2)$$

其中,$c_e$为企业的成本系数。

用$Q$表示产出函数,根据Douglas生产函数,有:

$$Q(c_u)=Q(c_e)=(c_u)^\alpha (c_e)^\beta \mu \quad (6-3)$$

其中,$\alpha$表示高校(或科研院所)的产出弹性系数;$\beta$表示企业的产出弹性系数;$\mu$表示随机干扰的影响,且$\mu \leq 1$。

在科研完成以后,企业向高校(或科研院所)定额支付价格为$A$

的科研成果转让费。当产品投入市场以后，高校（或科研院所）按照 $\gamma$ 的比例进行分成。并假设产品投入市场以后，不考虑由市场环境等不确定因素造成的风险。

## 6.4.2 定额支付的博弈

用 $A$ 表示企业向高校（或科研院所）获得知识产权时的定额支付。

因此，从上面的假设，我们可以计算企业获得的收益为：

$$U_e = Q(c_e) - C(c_e) - A = (c_u)^\alpha (c_e)^\beta \mu - \frac{1}{2}\delta_e (c_e)^2 - A \quad (6-4)$$

高校（或科研院所）获得的收益为：

$$U_u = A - C(c_u) = A - \frac{1}{2}\delta_u (c_u)^2 \quad (6-5)$$

要使企业和高校（或科研院所）的收益达到最大化，有：

$$\frac{dU_e}{dc_e} = (c_u)^\alpha \beta (c_e)^{\beta-1} \mu - \delta_e c_e = 0 \quad (6-6)$$

$$\frac{dU_u}{dc_u} = -\delta_u c_u = 0 \quad (6-7)$$

最终，我们可以得到企业和高校（或科研院所）的最优投入方案分别为：

$$c_e^* = 0 \quad (6-8)$$

$$c_u^* = 0 \quad (6-9)$$

从计算的结果来看，在定额支付模式中，企业和高校（或科研机构)的投入均为零的时候,会为双方带来最大的收益,这也符合我们建立的函数的性质。从对企业和高校(或科研机构)建立的收益函数来看,也只有当$c_e^*=0$,$c_u^*=0$时,给企业和高校(或科研机构)所带来的收益才最大。但是在实际生产活动中,这是不可能实现的。在不考虑产出分成的情况下,企业和高校(或科研机构)应尽可能降低各自的成本,才能达到收益最大化。也就是说,企业和高校(或科研机构)各自的生产成本对对方是不产生任何影响的,更不能起决定性作用。实际上在这种情况下,双方并不存在博弈的问题。

## 6.4.3 按产出比例分成的博弈

考虑企业和高校(或科研院所)进行非合作博弈的情况,考虑两阶段博弈。第一步由双方决定利益的分成比例$\gamma$;第二步由企业和高校(或科研院所)根据这个利益提成比例决定自己的投入水平$c_e$和$c_u$。采用逆向归纳法求均衡解。

(1)考虑博弈的第二阶段

由于利益提成比例$\gamma$是已知的,因此高校(或科研院所)选择投入$c_u$能达到自身利益最大化。

因此,从上面的假设,我们可以计算企业获得的收益为:

$$U_e = (1-\gamma)Q(c_e) - C(c_e) = (1-\gamma)(c_u)^\alpha (c_e)^\beta \mu - \frac{1}{2}\delta_e(c_e)^2 \quad (6-10)$$

高校(或科研院所)获得的收益为:

$$U_u = \gamma Q(c_u) - C(c_u) = \gamma (c_u)^\alpha (c_e)^\beta \mu - \frac{1}{2}\delta_u(c_u)^2 \quad (6-11)$$

要使企业和高校（或科研院所）的收益达到最大化，有：

$$\frac{dU_e}{dc_e} = (1-\gamma)(c_u)^\alpha \beta(c_e)^{\beta-1}\mu - \delta_e c_e = 0 \quad (6-12)$$

$$\frac{dU_u}{dc_u} = \gamma\alpha(c_u)^{\alpha-1}(c_e)^\beta \mu - \delta_u c_u = 0 \quad (6-13)$$

最终，可以得到企业和高校（或科研院所）的最优投入方案分别为：

$$c_e^* = \frac{1}{\mu^{\frac{1}{\alpha+\beta-2}}}\left[\frac{(1-\gamma)\beta}{\delta_e}\right]^{\frac{\alpha-2}{2(\alpha+\beta-2)}}\left(\frac{\delta_u}{\gamma\alpha}\right)^{\frac{\alpha}{2(\alpha+\beta-2)}} \quad (6-14)$$

$$c_u^* = \frac{1}{\mu^{\frac{1}{\alpha+\beta-2}}}\left[\frac{(1-\gamma)\beta}{\delta_e}\right]^{\frac{-\beta}{2(\alpha+\beta-2)}}\left(\frac{\delta_u}{\gamma\alpha}\right)^{\frac{2-\beta}{2(\alpha+\beta-2)}} \quad (6-15)$$

（2）考虑博弈的第一阶段

在这一阶段，企业的投入 $c_e$ 和高校（或科研院所）的投入 $c_u$ 已经确定。高校（或科研院所）所实现的收益为企业对其给予的固定支付 $A$，以及比例为 $\gamma$ 的产出收益，此时高校（或科研院所）的净收益为：

$$U_u^* = \gamma Q(c_u^*) - C(c_u^*) = \gamma (c_u^*)^\alpha (c_u^*)^\beta \mu - \frac{1}{2}\delta_u(c_u^*)^2 \quad (6-16)$$

$$U_e^* = (1-\gamma)Q(c_e^*) - C(c_e^*) = (1-\gamma)(c_e^*)^\alpha (c_e^*)^\beta \mu - \frac{1}{2}\delta_e(c_e^*)^2 \quad (6-17)$$

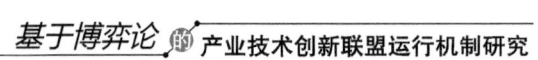

同样地，我们分别将$U_u^*$和$U_e^*$对$\gamma$求导，并令：$\dfrac{dU_u^*}{d\gamma}=0$，$\dfrac{dU_e^*}{d\gamma}=0$，

我们求得：$\gamma=\dfrac{\beta}{2}$。

因此在以上的前提条件下，最终通过将科研成果转化为生产力并获得收益，高校（或科研院所）可以从中获得的提成比例为$\dfrac{\beta}{2}$；企业从中获得的提成比例为$1-\dfrac{\beta}{2}$。

可以看出，将科技成果转化为生产力并获得最终收益是企业和高校（或科研院所）的根本任务，但最终成功与否取决于企业的贡献度。在具体的利益分配方案中，企业和高校（或科研院所）的利益分配主要取决于$\beta$的大小，也就是说由企业产出的弹性系数决定。企业产出的弹性系数越大，企业获得收益比例越小，高校（或科研院所）获得的收益比例越大；相反，当企业产出的弹性系数越小，企业获得收益比例越大，而高校（或科研院所）获得的收益比例越小。

## 6.4.4　定额支付＋按产出比例分成的博弈

由企业和高校（或科研院所）进行非合作博弈的情况，考虑两阶段博弈。第一步由高校（或科研院所）决定利益的提成比例$\gamma$；第二步由企业和高校（或科研院所）根据这个利益提成比例决定自己的投入水平$c_e$和$c_u$，采用逆向归纳法求均衡解。

（1）考虑博弈的第二阶段

由于利益提成比例 $\gamma$ 已经确定，因此高校（或科研院所）选择投入 $c_u$ 以达到自身利益最大化。$B$ 表示企业向高校获得知识产权时的第一笔支付。

因此，从上面的假设，可以计算企业获得的收益为：

$$U_e = (1-\gamma)Q(c_e) - C(c_e) - B = (1-\gamma)(c_u)^\alpha (c_e)^\beta \mu - \frac{1}{2}\delta_e(c_e)^2 - B \quad (6\text{-}18)$$

高校（或科研院所）获得的收益为：

$$U_u = B + \gamma Q(c_u) - C(c_u) = B + \gamma(c_u)^\alpha(c_e)^\beta \mu - \frac{1}{2}\delta_u(c_u)^2 \quad (6\text{-}19)$$

要使企业和高校（或科研院所）的收益达到最大化，我们有：

$$\frac{dU_e}{dc_e} = (1-\gamma)(c_u)^\alpha \beta(c_e)^{\beta-1}\mu - \delta_e c_e = 0 \quad (6\text{-}20)$$

$$\frac{dU_u}{dc_u} = \gamma\alpha(c_u)^{\alpha-1}(c_e)^\beta \mu - \delta_u c_u = 0 \quad (6\text{-}21)$$

最终，我们可以得到企业和高校（或科研院所）的最优投入方案分别为：

$$c_e^* = \frac{1}{\mu^{\frac{1}{\alpha+\beta-2}}}\left[\frac{(1-\gamma)\beta}{\delta_e}\right]^{\frac{\alpha-2}{2(\alpha+\beta-2)}} \left(\frac{\delta_u}{\gamma\alpha}\right)^{\frac{\alpha}{2(\alpha+\beta-2)}} \quad (6\text{-}22)$$

$$c_u^* = \frac{1}{\mu^{\frac{1}{\alpha+\beta-2}}}\left[\frac{(1-\gamma)\beta}{\delta_e}\right]^{\frac{-\beta}{2(\alpha+\beta-2)}} \left(\frac{\delta_u}{\gamma\alpha}\right)^{\frac{2-\beta}{2(\alpha+\beta-2)}} \quad (6\text{-}23)$$

（2）考虑博弈的第一阶段

在这一阶段，企业的投入$c_e$和高校（或科研院所）的投入$c_u$已经确定。高校（或科研院所）所实现的收益为企业对其给予的定额支付$B$，以及比例为$\gamma$的产出收益，此时企业的净收益为：

$$U_u^* = B+\gamma Q(c_u^*)-C(c_u^*) = B+\gamma(c_u^*)^\alpha (c_u^*)^\beta \mu - \frac{1}{2}\delta_u(c_u^*)^2 \quad （6-24）$$

$$U_e^* = (1-\gamma)Q(c_e^*)-C(c_e^*)-B = (1-\gamma)(c_e^*)^\alpha (c_e^*)^\beta \mu - \frac{1}{2}\delta_e(c_e^*)^2-B \quad （6-25）$$

同样地，我们分别将$U_u^*$和$U_e^*$对$\gamma$求导，并令：$\dfrac{dU_u^*}{d\gamma}=0$，$\dfrac{dU_e^*}{d\gamma}=0$，求得：$\gamma=\dfrac{\beta}{2}$。

因此在以上的前提条件下，最终通过将科研成果转化为生产力并获得收益，高校（或科研院所）可以从中获得的提成比例为$\dfrac{\beta}{2}$；企业从中获得的提成比例为$1-\dfrac{\beta}{2}$。

可以看出，将科技成果转化为生产力并获得最终收益是企业和高校（或科研院所）的根本任务，但最终成功与否取决于企业的贡献度。在具体的利益分配方案中，企业和高校（或科研院所）的利益分配主要取决于$\beta$的大小，也就是说由企业的产出弹性系数决定。企业的产出弹性系数越大，企业获得收益比例越小，高校（或科研院所）获得的收益比例越大；相反，企业的产出弹性系数越小，企业获得收益比例越大，而高校（或科研院所）获得的收益比例越小。

## 6.5 本章小结

本章主要对产业技术创新联盟的利益共享机制进行了深入研究。在成果转化阶段的利益分配中，我们发现企业和高校（或科研院所）的利益分配主要取决于企业的产出弹性系数。企业的产出弹性系数越大，企业获得收益比例越小，高校（或科研院所）获得的收益比例越大；相反，企业的产出弹性系数越小，企业获得收益比例越大，而高校（或科研院所）获得的收益比例越小。

# 第 7 章 产业技术创新联盟运行机制的案例分析

## 7.1 我国产业技术创新联盟的发展现状

科学技术的发展能极大地促进一个国家的经济和社会的发展，一个国家的政府应该鼓励企业和学术界加快建设以知识创新与技术创新为基础的国家创新体系。1992 年，原国家经济贸易委员会、国家教委等政府部门与机构联合发起了"产学研联合开发工程"，主要的目的是为了实现将高校（或科研院所）的科研成果与企业的生产相连接的转化路径。2004 年 3 月，时任国务院总理温家宝在第十届全国人民代表大会第二次会议的上作《政府工作报告》，报告提出要组织实施一批重大科技项目，这些重大科技项目关系到我国经济社会的全局发展。要促进企业与高校（科研院所）联合，推动高校（或科研院所）的科研成果有效地转化为生产力，进一步明确与引导企业科技创新的主体地位。2005 年，我国开始逐步实施国家技术创新引导工程。同年 12 月，科学技术部、国务院国资委、中华全国总工会联合实施"国家技术创新引导工程"，主要针对我国技术创新能力提升的薄弱环

## 第7章 产业技术创新联盟运行机制的案例分析

节,加快建立以企业为主体、市场为导向、产学研相结合的技术创新体系,这为产业枝术创新联盟在我国的发展奠定了基调。2006 年 12 月,国务院国资委、科技部、教育部、国家开发银行、中华全国总工会与财政部等六部委联合成立了推进产、学、研合作工作协调指导小组,从国家层面加强设计与统筹协调我国产、学、研结合的工作,探索有效的产、学、研相结合的模式与机制,提出了在国内建立产业技术创新联盟的构想。2007 年,我国提出探索以企业为主体、市场导向以及利益纽带的新型技术创新组织形态,也就是产业技术创新联盟的形态。2007 年 6 月,我国成立了四大产业技术创新联盟,包括:农业装备产业技术创新战略联盟、煤炭开发利用技术创新联盟、新一代煤(能源)化工产业技术创新联盟与钢铁可循环流程技术创新联盟等。这标志着在六部委的推动下,我国产业技术创新联盟构建工作正式拉开帷幕。为推动产业技术创新联盟的进一步发展,2008 年,六部委又联合发布了《关于推动产业技术创新战略联盟构建的指导意见》与《国家科技计划支持产业技术创新战略联盟暂行规定》。《规定》中明确指出国家科技计划积极支持联盟的建立和发展,这一规定为我国产业技术创新战略联盟的发展创造了积极条件。2009 年,国家有关部门又陆续制定了《国家技术创新工程总体实施方案》《关于推动产业技术创新战略联盟构建与发展的实施办法(试行)》等政策文件,进一步促进产业技术创新战略联盟的建设。2010 年《国务院关于加快培育和发展战略性新兴产业的决定》明确指出,结合技术创新工程的实施,发展一批由企业主导,科研机构、高校积极参与的产业技术创新联盟。

自 2008 年以来，科技部、财政部、教育部等政府部门采取多种措施，尝试支持产、学、研部门联手建立技术创新战略联盟。特别是科技部在 2010 年启动了产业技术创新战略联盟试点工作。2010 年，科技部公布了首批获准试点的产业技术创新联盟，并对这些联盟给予专项资金等方面的支持。"钢铁可循环流程技术创新战略联盟"等 36 个联盟，获准成为首批试点联盟，随后又公布了长三角科学仪器产业技术创新战略联盟等 20 家联盟进入试点。2012 年，"抗体药物产业技术创新战略联盟"等 39 个联盟获批纳入试点。2013 年，"节能减排标准化产业技术创新战略联盟"等 55 家联盟入围第三批国家产业技术创新战略联盟试点，"日用及建筑陶瓷产业技术创新战略联盟"等 41 家联盟被作为重点培育对象。

为了加快产业技术创新联盟发展，2011 年 5 月，科技部等相关部门指导支持成立了产业技术创新战略联盟试点工作联络组，积极响应钢铁、新能源、半导体照明、农业装备、新一代煤化工、化纤产业、汽车轻量化、抗生素以及存储等行业关于建立产业技术创新联盟的倡议。

2012 年，科技部组织评估工作组开展技术创新战略联盟试点首次评估——对试点期满的前两批 56 家联盟的组建、运行及成效等状况进行评价，这既是对试点联盟是否如期、按质完成试点期的任务目标进行检查，也是为进一步完善政策支持方式与力度等积累数据与经验。根据对前两批 56 家产业技术创新战略联盟的评估结果，"半导体照明产业技术创新战略联盟"等 26 家联盟运行成效显著，评估结果为 A；"大豆加工产业技术创新战略联盟"等 26 家联盟运行取得一定成效，但也存在一些不足，评估结果为 B；有 4 家产业技术创新战略联盟由于存在较多问题，评估结果为 C。

截止 2022 年 6 月，我国的产业技术创新联盟蓬勃发展，现有的产业技术创新联盟的数量达到 156 家。

对于产业技术创新联盟的发展，我国政府在政策上给予了大力的鼓励和支持。为了深化产业技术创新联盟的深层次发展，我国积极推进产业技术创新联盟的试点建设工作，相关部门和企业紧密结合在一起，共同探索可持续发展的产学研的合作组织模式与运行机制，并进一步组建和改进产业技术创新联盟的技术创新链；加强企业和科研院所之间的沟通、交流与合作，积极共同推进重大科学技术的突破；推动产业技术创新联盟认真贯彻落实我国相关的政策法规，促进产业技术创新联盟的良性发展。

## 7.2 畜禽良种产业技术创新联盟的背景

### 7.2.1 联盟的基本组成及组织机构

畜禽良种产业技术创新战略联盟成立于 2009 年 9 月，并于 2010 年 1 月 8 日入选科技部国家产业技术创新战略联盟试点。

联盟建立初期，加入畜禽良种产业技术创新联盟的企业、高校（或科研院所）的分布情况见表 7-1。

经过几年的发展，联盟成员发生了变动，截止笔者进行调研时止，现有的联盟成员分布情况见表 7-2，畜禽良种产业技术创新战略联盟成员的变化见表 7-3。

表7-1 建立初期的畜禽良种产业技术创新战略联盟分布

| 机构 | 名称 |
| --- | --- |
| 企业（12家） | 广东温氏食品集团有限公司、北京养猪育种中心、天津市宁河原种猪场、四川铁骑力士实业有限公司、海南罗牛山种猪育种有限公司、北京奶牛中心、上海奶牛育种中心有限公司、黑龙江省博瑞遗传有限公司、北京市华都峪口禽业有限责任公司、北京家禽育种有限责任公司、北京北农大种禽有限责任公司、河南三高农牧股份有限公司 |
| 科研院所（4所） | 中国农业科学院北京畜牧兽医研究所、广东省农业科学院畜牧研究所、山东省农业科学院、新疆农垦科学院 |
| 高校（4所） | 中国农业大学、华中农业大学、华南农业大学、四川农业大学 |

表7-2 现有的畜禽良种产业技术创新战略联盟分布

| 机构 | 名称 |
| --- | --- |
| 企业（19家） | 北京市华都峪口禽业有限责任公司、北京北农大动物科技有限责任公司、北京金星鸭业有限公司、北京奶牛中心、北京中育种猪有限责任公司、长春新牧科技有限公司、甘肃省绵羊繁育技术推广站、广东温氏食品集团股份有限公司、河北大午农牧集团种禽公司、江苏立华牧业股份有限公司、牧原食品股份有限公司、内蒙古奥科斯牧业有限公司、内蒙古赛科星繁育生物技术（集团）股份有限公司、宁波市三生药业有限公司、山东奥克斯畜牧种业有限公司、上海奶牛育种中心有限公司、四川铁骑力士实业有限公司、新疆天山畜牧生物工程股份有限公司、中国牧工商（集团）总公司 |
| 科研院所（5所） | 广东省农业科学院动物科学研究所（原广东省农业科学院畜牧研究所）、湖北省农业科学院畜牧兽医研究所、新疆农垦科学院、新疆畜牧科学院畜牧研究所、中国农业科学院北京畜牧兽医研究所 |
| 高校（5所） | 华南农业大学、华中农业大学、江西农业大学、四川农业大学、中国农业大学 |

表 7-3 畜禽良种产业技术创新战略联盟成员的变化

| 机构 | | 名称 |
|---|---|---|
| 企业 | 退出（5家） | 天津市宁河原种猪场、海南罗牛山种猪育种有限公司、黑龙江省博瑞遗传有限公司、北京市华都峪口禽业有限责任公司、河南三高农牧股份有限公司 |
| | 新加入（12家） | 北京金星鸭业有限公司、长春新牧科技有限公司、甘肃省绵羊繁育技术推广站、河北大午农牧集团种禽公司、江苏立华牧业股份有限公司、牧原食品股份有限公司、内蒙古奥科斯牧业有限公司、内蒙古赛科星繁育生物技术（集团）股份有限公司、宁波市三生药业有限公司、山东奥克斯畜牧种业有限公司、新疆天山畜牧生物工程股份有限公司、中国牧工商（集团）总公司 |
| 科研院所 | 退出（1所） | 山东省农业科学院 |
| | 新加入（2所） | 湖北省农业科学院畜牧兽医研究所、新疆畜牧科学院畜牧研究所 |
| 高校 | 新加入（1所） | 江西农业大学 |

从畜禽良种产业技术创新战略联盟的发展来看，加入联盟的企业、高校、科研院所的数量有所增加，说明产业技术创新联盟的发展对于企业的发展有着促进作用和较大的吸引力。

畜禽良种产业技术创新战略联盟以种畜禽龙头企业为主体，以中国农业大学为依托，联合国内其他优势科研教学单位，开展畜禽育种和高效扩繁的技术创新和推广，加快畜禽良种培育，提升国产品种的市场竞争力，发展壮大我国畜禽良种产业。联盟成立时的主要目标是为了满足我国猪、奶牛、蛋鸡、肉鸡产业三分之一以上的良种需求；形成具有自主知识产权的畜禽育种新技术体系；加快现代育种技术工程化和产业化发展。主要是围绕畜禽新品种自主培育、全基因组选择育种、重要功能基因及分子标记开发利用、性别控制、胚胎工程等共性技术领域开展合作创新，突破产业关键技术，育成一批优良新品种，提高良种覆盖率，培育具有国际竞争力的新型种业企业。

联盟的组织机构如图 7-1 所示。

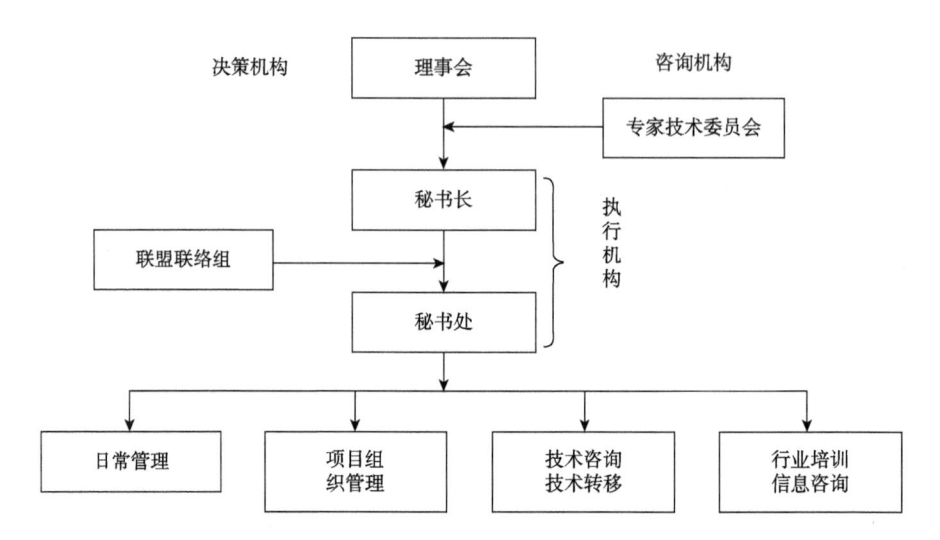

图 7-1　畜禽良种产业技术创新战略联盟组织机构图

其中理事会为联盟的决策机构，由联盟成员单位推荐的相关技术负责人组成，理事长单位为中国农业大学。中国农业大学作为联盟对外承担责任的主体，代表联盟与相关政府管理部门签订科技计划项目书等文件；联盟对外签署的其他文件可由相关联盟成员就具体事项，共同出具授权委托书，委托联盟理事长单位签署。

## 7.2.2　联盟近年来的技术合作创新项目及获得的知识产权

联盟成立以来，企业与高校（或科研院所）积极开展了大量的技术创新合作项目，并获得了主要关键技术的突破，有些技术还获得了相应的专利保护。

1. 主要的技术合作创新项目

（1）优质高产特色蛋鸡（京粉2号）新品种的选育。由北京市华都峪口禽业有限责任公司、中国农业大学共同合作研究。

（2）主要畜禽新品种选育与关键技术研究。该项技术的研究合作开发由中国农业大学、北京市华都峪口禽业有限责任公司、广东温氏食品集团有限公司等15家联盟成员单位共同承担。

（3）基于加速度传感器的奶牛发情自动监测系统。由广东温氏食品集团有限公司、华南农业大学共同合作研究。

（4）寻找影响猪克隆效率相关基因及通过敲除供体细胞的Xist基因提高猪克隆效率。由广东温氏食品集团有限公司、华南农业大学共同合作研究。

（5）鸡、猪生长、肉质和抗病等优异性状基因挖掘。由华南农业大学、中国农业大学、中国农业科学院北京畜牧兽医研究所、华中农业大学共同合作研究。

（6）广东省家畜分子与细胞工程育种技术研究团队。由广东温氏食品集团有限公司、华南农业大学、华中农业大学、广东省农业科学院畜牧研究所共同合作研究。

（7）提高饲料利用率的转基因猪新品种培育。由广东温氏食品集团有限公司、华南农业大学、广东省农业科学院畜牧研究所共同合作研究。

（8）"岭南黄鸡4号配套系"生产性能测定。由广东省农业科学院畜牧研究所、中国农业大学共同合作研究。

（9）"鲁禽6号"商品代生产性能测定。由山东省农业科学院、中国农业大学共同合作研究。

（10）蛋鸡现代产业链关键技术集成研究与产业化示范。由四川铁骑力士实业有限公司、四川农业大学共同合作研究。

（11）京粉2号蛋鸡配套系生产性能测定。由北京市华都峪口禽业有限责任公司、中国农业大学共同合作研究。

（12）广东省温氏集团畜禽生物育种院士工作站。由广东温氏食品集团有限公司、中国农业大学、华南农业大学共同合作研究。

（13）蛋鸡配套系选育。由四川铁骑力士实业有限公司、四川农业大学共同合作研究。

（14）富含多不饱和脂肪酸优质转基因猪新品种培育。由广东温氏食品集团有限公司、华南农业大学共同合作研究。

（15）奶牛良种繁育体系及高效扩繁技术研究。由北京奶牛中心、中国农业大学、中国农业科学院北京畜牧兽医研究所共同合作研究。

（16）优秀种牛遗传物质工厂化生产创新技术研究。由北京奶牛中心、中国农业大学共同合作研究。

（17）利用分子育种技术培育竹丝鸡新配套系。由广东农科院畜牧研究所、中国农业大学、广东智诚食品股份有限公司共同合作研究。

（18）新兴矮脚黄鸡健康养殖与肉品加工技术集成与转化。由广东温氏食品集团有限公司、华南农业大学共同合作研究。

（19）雄性表型性反转鸡睾丸精子的人工授精。由广东温氏食品集团有限公司、华南农业大学共同合作研究。

## 第7章 产业技术创新联盟运行机制的案例分析

（20）"817"小型肉鸡生产性能测定（2个组合）。由山东省农业科学院、中国农业大学共同合作研究。

（21）优质高产蛋鸡新品种选育技术服务及技术培训。由北京市华都峪口禽业有限责任公司、中国农业大学共同合作研究。

（22）天府肉猪配套系产业化示范与推广。由四川铁骑力士实业有限公司、四川农业大学共同合作研究。

（23）剔除鸡蛋鱼腥味敏感基因技术开发与利用。该项技术开发由北京市华都峪口禽业有限责任公司、北京北农大种禽有限责任公司、中国农业大学等共同承担。

（24）奶牛基因组选择参考群体构建与优化育种方案设计。由北京奶牛中心、上海奶牛育种中心有限公司、中国农业大学等共同合作研究。

（25）鸡重要经济性状的功能基因组学研究。由北京市华都峪口禽业有限责任公司、广东温氏食品集团有限公司、中国农业大学、中国农业科学院北京畜牧兽医研究所、广东省农业科学院畜牧研究所共同合作研究。

（26）优质肉鸡生物育种核心技术体系建立与应用。由华南农业大学、中国农业大学、广东温氏食品集团有限公司、广东省农业科学院畜牧研究所共同合作研究。

（27）中国地方鸡种禽白血病遗传抗性分子基础研究。由广东农科院畜牧研究所、中国农业大学共同合作研究。

（28）鸡A，B，D，E，J—亚群禽白血病的遗传抗性评估及其抗病育种方法的探讨。由广东温氏食品集团有限公司、华南农业大学共同合作研究。

（29）种猪大管型冷冻精液制作及其贮存方式研究。由广东温氏食品集团有限公司、华南农业大学共同合作研究。

（30）"京白1号"及"农大5号"蛋种鸡新品种选育及产业化。由北京市华都峪口禽业有限责任公司、北京北农大种禽有限责任公司共同合作研究。

2. 获得的知识产权

（1）天府肉猪（新品种）。产权归四川铁骑力士实业有限公司、四川农业大学、四川省畜牧总站所有。

（2）"京粉2号"（新品种）。产权归北京市华都峪口禽业有限责任公司所有。

（3）三高青脚黄鸡3号（新品种）。产权归河南三高农牧股份有限公司所有。

（4）一种制备奶牛性别控制精子的方法。产权归中国农业大学所有。

（5）中国荷斯坦奶牛LHCGR基因作为分子标记的应用。产权归中国农业大学所有。

（6）一种猪用子宫深部低剂量输精器械及其输精器的端部探伸构造。产权归中国农业大学所有。

（7）鹌鹑蛋鱼腥味敏感基因及其作为分子标记的应用。产权归中国农业大学所有。

（8）一种检测奶牛乳房炎抗性的DNA甲基化的分子标记。产权归中国农业大学所有。

## 第7章　产业技术创新联盟运行机制的案例分析

（9）褐牛蜘蛛腿综合征致病位点 PCR 检测方法。产权归中国农业大学所有。

（10）检测牛凝血因子 XI 基因第 9 外显子内 15bp 插入突变的试剂盒。产权归中国农业大学所有。

（11）一种检测牛 FANCI 基因缺失的方法及试剂盒。产权归北京奶牛中心所有。

（12）WIF1 基因作为猪产仔数性状的遗传标记。产权归华中农业大学所有。

（13）猪甘丙肽样肽基因 GALP 作为猪产仔数性状的遗传标记。产权归华中农业大学所有。

（14）SLA-11 基因作为猪产仔数性状的遗传标记。产权归华中农业大学所有。

（15）利用微卫星标记鉴定北京油鸡的方法。产权归中国农业科学院北京畜牧兽医研究所所有。

（16）一种判定狼山鸡中 B2 血型的简便方法。产权归中国农业科学院北京畜牧兽医研究所所有。

（17）一种获得母鸡和不同公鸡交配时纯种后代的方法。产权归中国农业科学院北京畜牧兽医研究所所有。

（18）一种构建鸡肌肉肌苷酸合成途径相关关键酶基因网络调控方法。产权归中国农业科学院北京畜牧兽医研究所所有。

（19）一种新型节粮、高产芦花鸡品系的培育方法。产权归个人所有。

（20）用于荷斯坦牛群体的亲子鉴定 SNP 标记组合及检测方法。

141

产权归中国农业大学所有。

（21）带有颈枷装置的移动式电子地磅装置。产权归中国农业大学所有。

（22）一种公牛冻精基因组 DNA 的提取方法。产权归中国农业大学所有。

（23）抑制鸡肌肉生成抑制素基因表达的 siRNA 及其应用。产权归中国农业大学所有。

（24）一种检测牛瓜氨酸血症有害基因的方法及其专用引物。产权归中国农业大学所有。

（25）西门塔尔牛蜘蛛腿综合征致病位点荧光自动化检测分析 PCR 用引物及其试剂盒。产权归中国农业大学所有。

（26）辅助鉴定绿壳蛋鸡的专用引物及其应用。产权归中国农业大学所有。

（27）猪连环蛋白 α 样 1 基因 CTNNAL1 作为猪产仔数性状的遗传标记。产权归中国农业大学所有。

（28）一种高产蛋铁脚麻鸡新品系的培育方法。产权归河南三高农牧股份有限公司所有。

（29）带有颈枷装置的移动式电子地磅装置。产权归中国农业大学所有。

（30）与猪生产性状相关的分子标记及制备与应用。产权归华中农业大学所有。

（31）与鸡 300 日龄产蛋量相关的 GARNL1 基因上的位点及应用。产权归华南农业大学所有。

## 第 7 章 产业技术创新联盟运行机制的案例分析

（32）一种与鸡肉质相关基因 IGFBP-1 及其应用。产权归华南农业大学所有。

（33）一种与鸡屠体性状相关的分子标记及其获取方法和应用。产权归华南农业大学所有。

（34）一种检测猪肉品质性状的方法及专用引物对。产权归中国农业科学院北京畜牧兽医研究所所有。

（35）肉牛杂交遗传评估系统 V1.0。产权归中国农业大学所有。

（36）牛基因组单核苷酸多态性单机注释系统 V1.0。产权归中国农业大学所有。

（37）牛基因组单核苷酸多态性在线注释系统 V1.0。产权归中国农业大学所有。

（38）贝叶斯 A+ 基因组选择计算软件 V1.0。产权归中国农业大学所有。

（39）贝叶斯 B+ 基因组选择计算软件 V1.0。产权归中国农业大学所有。

从以上的技术合作创新项目及获得的知识产权来看，自从畜禽良种产业技术创新联盟成立以后，企业与高校（或科研院所）进行了更深层次的合作研究，获得的知识产权专利技术也大大突破了原有的数量，说明畜禽良种产业技术创新联盟的建立对于企业与高校（或科研院所）的技术创新合作研究有极大的促进和激励作用。在畜禽良种产业技术创新联盟的组织和推动下，我国畜禽良种的产业技术创新链得以重构，整个产业的创新能力和竞争力获得了明显提高。

## 7.3 信任机制

对于畜禽良种产业技术创新联盟运行机制的研究，主要通过德尔菲法和层次分析法展开。邀请畜禽良种产业技术创新联盟内的29名专家组成了咨询专家组。专家组成员包括高校教授5人，科研院所研究员5人，企业中高层领导19人。通过电邮询问、电话咨询的形式与专家组成员进行交流沟通，获得相关数据。主要通过三轮调查研究，确定相应的指标。在这部分主要采用以下两种方法。

（1）德尔菲法专家评价。给选定的畜禽良种联盟内的高校教授、科研院所研究员以及企业高层领导等专家发送电子信函，征求专家们的相关意见。搜集各个运行机制的制约因素并汇总，形成畜禽良种联盟信任机制的制约因素层次图。

（2）层次分析。根据形成的畜禽良种联盟信任机制制约因素层次图，采用层次分析法，由专家按照重要程度进行两两比较，并做出相对重要性的判断并赋值。

### 7.3.1 信任机制的制约因素

给选定的畜禽良种联盟内的高校、科研院所以及企业等相关专家发送电子信函，广泛征求专家们的相关意见。对于在畜禽联盟内，如何取得联盟成员的信任，取决于哪几个方面的因素，根据得到的反馈，将专家们的意见汇总，得到第一轮的信任机制制约因素。专家们认为，能否取得联盟成员的信任，主要取决于企业层面、个人层面及社会层面等三个层面的因素。联盟信任机制的制约因素可归纳为表7-4的层次结构。

表7-4  畜禽良种产业技术创新联盟信任机制的制约因素

| 目标层 A | 准则层 B | 选择指标层 C |
|---|---|---|
| 畜禽良种产业技术创新联盟信任机制 A | 企业层面 $B_1$ | 合作经历 $C_{11}$ |
| | | 声誉 $C_{12}$ |
| | | 相互依赖性 $C_{13}$ |
| | | 承诺 $C_{14}$ |
| | | 合作愿景 $C_{15}$ |
| | | 信息共享 $C_{16}$ |
| | | 利润分配 $C_{17}$ |
| | 个人层面 $B_2$ | 企业家领导能力 $C_{21}$ |
| | | 企业家魅力 $C_{22}$ |
| | | 企业家沟通能力 $C_{23}$ |
| | | 企业家角色分派 $C_{24}$ |
| | 社会层面 $B_3$ | 社会责任 $C_{31}$ |
| | | 法律约束 $C_{32}$ |
| | | 政府监管 $C_{33}$ |

## 7.3.2  信任机制的层次分析法评价

根据表7-4的信任机制制约因素，通过专家咨询的方式，考查各层因素之间的相对重要性，得出相应的判断矩阵。构造的判断矩阵如表7-5~表7-8所示，畜禽良种产业技术创新联盟信任机制的综合权重如表7-9所示。

表7-5  $A-B$ 判断矩阵

| A | $B_1$ | $B_2$ | $B_3$ | 几何平均 | 权重 | 加权和 | 近似 $\lambda$ |
|---|---|---|---|---|---|---|---|
| $B_1$ | 1 | 8 | 5 | 3.4200 | 0.7334 | 2.2691 | 3.0940 |
| $B_2$ | 1/8 | 1 | 1/4 | 0.3150 | 0.0675 | 0.2090 | 3.0940 |
| $B_3$ | 1/5 | 4 | 1 | 0.9283 | 0.1991 | 0.6159 | 3.0940 |

计算得出，$\lambda_{max}$=3.0940，$CI$=0.0470，$CR=CI/RI$=0.0810<0.10，满

足一致性要求。

表 7-6　$B_1 - C_{1i}$ 判断矩阵

| $B_1$ | $C_{11}$ | $C_{12}$ | $C_{13}$ | $C_{14}$ | $C_{15}$ | $C_{16}$ | $C_{17}$ | 几何平均 | 权重 | 加权和 | 近似 $\lambda$ |
|---|---|---|---|---|---|---|---|---|---|---|---|
| $C_{11}$ | 1 | 4 | 3 | 2 | 6 | 5 | 5 | 3.2214 | 0.3555 | 3.0754 | 8.6507 |
| $C_{12}$ | 1/4 | 1 | 7 | 8 | 5 | 4 | 3 | 2.6167 | 0.2888 | 2.3655 | 8.1917 |
| $C_{13}$ | 1/3 | 1/7 | 1 | 2 | 1 | 3 | 3 | 0.9782 | 0.1080 | 0.7248 | 6.7138 |
| $C_{14}$ | 1/2 | 1/8 | 1/2 | 1 | 1/4 | 1/3 | 1/3 | 0.3653 | 0.0403 | 0.3670 | 9.1048 |
| $C_{15}$ | 1/6 | 1/5 | 1 | 4 | 1 | 4 | 4 | 1.1143 | 0.1230 | 0.8471 | 6.8889 |
| $C_{16}$ | 1/5 | 1/4 | 1/3 | 1/4 | 1/4 | 1 | 1 | 0.0414 | 0.0414 | 0.3046 | 7.3613 |
| $C_{17}$ | 1/5 | 1/3 | 1/3 | 1/4 | 1/4 | 1 | 1 | 0.0431 | 0.0431 | 0.3287 | 7.6231 |

计算得出，$\lambda_{max}=7.7906$，$CI=0.1318$，$CR=CI/RI=0.0998<0.10$，满足一致性要求。

表 7-7　$B_2 - C_{2i}$ 判断矩阵

| $B_2$ | $C_{21}$ | $C_{22}$ | $C_{23}$ | $C_{24}$ | 几何平均 | 权重 | 加权和 | 近似 $\lambda$ |
|---|---|---|---|---|---|---|---|---|
| $C_{21}$ | 1 | 1/7 | 1/3 | 1/4 | 0.3303 | 0.0599 | 0.2507 | 4.1864 |
| $C_{22}$ | 7 | 1 | 3 | 5 | 3.2011 | 0.5803 | 2.3672 | 4.0790 |
| $C_{23}$ | 3 | 1/3 | 1 | 2 | 1.1892 | 0.2156 | 0.8771 | 4.0680 |
| $C_{24}$ | 4 | 1/5 | 1/2 | 1 | 0.7953 | 0.1442 | 0.6076 | 4.2141 |

计算得出，$\lambda_{max}=4.3169$，$CI=0.0456$，$CR=CI/RI=0.0507<0.10$，满足一致性要求。

表 7-8　$B_3 - C_{3i}$ 判断矩阵

| $B_3$ | $C_{31}$ | $C_{32}$ | $C_{33}$ | 几何平均 | 权重 | 加权和 | 近似 $\lambda$ |
|---|---|---|---|---|---|---|---|
| $C_{31}$ | 1 | 1/5 | 1/2 | 0.4642 | 0.1168 | 0.3534 | 3.0246 |
| $C_{32}$ | 5 | 1 | 4 | 2.7144 | 0.6833 | 2.0668 | 3.0246 |
| $C_{33}$ | 2 | 1/4 | 1 | 0.7937 | 0.1998 | 0.6043 | 3.0246 |

计算得出，$\lambda_{max}=3.0246$，$CI=0.0123$，$CR=CI/RI=0.0212<0.10$，满

足一致性要求。

表7-9 畜禽良种产业技术创新联盟信任机制的综合权重

| 目标层 A | 准则层 B | 准则层权重 | 指标层 C | 指标层权重 | 综合权重 |
|---|---|---|---|---|---|
| 畜禽良种产业技术创新联盟信任机制 | 企业层面 $B_1$ | 0.7334 | 合作经历 $C_{11}$ | 0.3555 | 0.2607 |
| | | | 声誉 $C_{12}$ | 0.2888 | 0.2118 |
| | | | 相互依赖性 $C_{13}$ | 0.1080 | 0.0792 |
| | | | 承诺 $C_{14}$ | 0.0403 | 0.0296 |
| | | | 合作愿景 $C_{15}$ | 0.1230 | 0.0902 |
| | | | 信息共享 $C_{16}$ | 0.0414 | 0.0303 |
| | | | 利润分配 $C_{17}$ | 0.0431 | 0.0316 |
| 畜禽良种产业技术创新联盟信任机制 | 个人层面 $B_2$ | 0.0675 | 企业家领导能力 $C_{21}$ | 0.0599 | 0.0040 |
| | | | 企业家魅力 $C_{22}$ | 0.5803 | 0.0392 |
| | | | 企业家沟通能力 $C_{23}$ | 0.2156 | 0.0146 |
| | | | 企业家角色分派 $C_{24}$ | 0.1442 | 0.0097 |
| | 社会层面 $B_3$ | 0.1991 | 社会责任 $C_{31}$ | 0.1168 | 0.0233 |
| | | | 法律约束 $C_{32}$ | 0.6833 | 0.1360 |
| | | | 政府监管 $C_{33}$ | 0.1998 | 0.0398 |

层次总排序的一致性指标$CI$为：$CI = \sum_{i=1}^{m} W_i \times CI_i$，式中 m 表示准则层的数量，根据本文的设定，m=3。所以最终的计算结果$CI$=0.0828<0.10，满足层次总排序的一致性检验要求。

## 7.3.3 畜禽良种产业技术创新联盟信任机制的问题

（1）从联盟的合作项目来看，大多数是企业与高校（或科研院所）之间的合作，除了极少数的合作研究项目有八个以上的企业与高校（或科研院所）共同参与以外，其他的项目参与的机构数量都比较少，有的合作项目只是一个企业和一个高校（或科研院所）。因此，从联盟合作的情况来看，从联盟成立以后，虽然联盟成员之间开展了大量的科研合作，但是每个项目的参与机构数量偏少，所研究的课题带有片面性，涉及联盟的共性科技创新课题比较少。因此，不利于建立企业在合作方面的声誉。

（2）缺乏足够的合作愿景。联盟内的企业对合作企业技术创新能力还没有足够的信心，参与畜禽良种技术创新的企业都是畜禽行业内最新技术的持有者，他们往往会对参与联盟的其他企业的技术创新能力产生质疑，因此打击了其他企业合作的积极性。没有足够的合作诚意与合作愿景，影响了在畜禽良种联盟内建立有效的信任关系。

（3）参与合作的企业、高校（或科研院所）通常把合作当做短期交易而非战略合作。由于畜禽产业技术创新联盟中的信任具有动态性的特点，合作关系往往会随着项目的开始而组建，等项目完结，合作关系也随即终结。因此，联盟内的企业经常只把对方企业或高校（或科研院所）作为一次性交易的对象，而没有站在长期合作的角度来考虑，存在观念上的重视不足，无法维持联盟内各企业之间建立长期稳固的信任关系。

（4）社会层面的环境限制。畜禽良种技术的创新活动由于其特殊性，往往由国家或者相关部门领导和发起，由企业参与完成，在整个复杂产品技术创新的过程中，政府部门起到了非常重要的作用。如果政府部门的监管力度不够，缺乏相应的监管机制，不能够对欺诈的企业进行一定力度的惩罚，如果发生了失信行为，很难对不诚信企业进行惩罚，从而加大了信任的风险，不利于联盟内信任关系的建立。但是从畜禽联盟的合作来看，大多数的合作项目没有政府的有效监督，这也间接导致了联盟信任机制的缺失。

## 7.3.4 畜禽良种产业技术创新联盟信任机制的建立方案

从层次分析法得到的分析结果来看，畜禽良种产业技术创新联盟的专家们认为，企业是否被其他联盟成员信任的主要取决于企业层面的因素，其次是社会层面和个人层面。

*1. 企业层面*

企业要想获得联盟其他成员的信任，企业层面的因素起着决定性的作用。其中，企业与联盟其他成员的合作经历和企业自身的声誉是最主要的。如果企业是初次与其他成员合作，则必须积累自身的声誉，表现出与其他企业合作的强烈愿景，并寻找在合作上对本企业具有很强依赖性的企业进行合作。如果初次达成了合作意向并取得成功的合作经历，对后续的合作会起到极大的促进作用，因为成功的合作经历对取得联盟成员的信任是至关重要的。

*2. 社会层面*

信任在社会层面的决定因素主要来自法律方面的约束。如果合作的双方在合作的过程中，能够通过建立契约或者合同，建立起法律体系的保障，就更加能获得对方的信任。

*3. 个人层面*

从分析的结果来看，专家们虽然并不认为企业家个人的因素对信任具有显著的作用，但是除去企业层面和社会层面的因素，只考虑个人因素的话，专家们认为企业家的个人魅力是获得联盟其他成员信任的最关键的因素。

从上述分析来看，联盟成员要想获得其他企业的信任，必须提高企业自身的信誉，尽可能多与其他企业进行合作，推举具有极高个人魅力的人当选企业领导，在合作的过程中建立契约以保障各方的利益。

# 7.4 知识共享机制

## 7.4.1 知识共享机制的制约因素

给选定的畜禽良种联盟内的高校、科研院所以及企业等相关专家发送电子信函，广泛征求专家们的相关意见。对于在畜禽联盟内，如果要取得联盟成员的知识共享，取决于哪几个方面的因素？根据得到的反馈，将专家们的意见汇总，得到第一轮的知识共享机制的制约因素。专家们认为，能否取得联盟成员的知识共享，主要取决于企业资源背景、企业经营状况及企业创新能力等三个层面的因素。联盟知识共享机制的制约因素可归纳为表7-10的层次结构。

表7-10 畜禽良种产业技术创新联盟知识共享机制的制约因素

| 目标层A | 准则层B | 选择指标层C |
| --- | --- | --- |
| 畜禽良种产业技术创新联盟知识共享机制A | 企业资源背景$B_1$ | 企业文化$C_{11}$<br>资源与产权$C_{12}$<br>相容与互补$C_{13}$<br>人力资源$C_{14}$ |
| | 企业经营状况$B_2$ | 运营能力$C_{21}$<br>盈利能力$C_{22}$<br>偿债能力$C_{23}$ |
| | 企业创新能力$B_3$ | 创新研发的投入$C_{31}$<br>创新研发的产出$C_{32}$ |

## 7.4.2 知识共享机制的层次分析法评价

根据表 7-10 的知识共享机制制约因素，通过专家咨询的方式，考查各层因素之间的相对重要性，得出相应的判断矩阵。构造的判断矩阵如表 7-11 ~ 表 7-14 所示，畜禽良种产业技术创新联盟知识共享机制的综合权重如表 7-15 所示。

表 7-11 $A-B$ 判断矩阵

| A | $B_1$ | $B_2$ | $B_3$ | 几何平均 | 权重 | 加权和 | 近似 $\lambda$ |
|---|---|---|---|---|---|---|---|
| $B_1$ | 1 | 7 | 3 | 2.7589 | 0.6586 | 1.9972 | 3.0324 |
| $B_2$ | 1/7 | 1 | 1/4 | 0.3293 | 0.0786 | 0.2384 | 3.0324 |
| $B_3$ | 1/3 | 4 | 1 | 1.1006 | 0.2628 | 0.7968 | 3.0324 |

得出，$\lambda_{max}$=3.0324，$CI$=0.0162，$CR=CI/RI$=0.0279<0.10，满足一致性要求。

表 7-12 $B_1-C_{1i}$ 判断矩阵

| $B_1$ | $C_{11}$ | $C_{12}$ | $C_{13}$ | $C_{14}$ | 几何平均 | 权重 | 加权和 | 近似 $\lambda$ |
|---|---|---|---|---|---|---|---|---|
| $C_{11}$ | 1 | 2 | 3 | 8 | 2.6321 | 0.4795 | 1.9648 | 4.0975 |
| $C_{12}$ | 1/2 | 1 | 4 | 6 | 1.8612 | 0.3391 | 1.4096 | 4.1574 |
| $C_{13}$ | 1/3 | 1/4 | 1 | 3 | 0.7071 | 0.1288 | 0.5312 | 4.1236 |
| $C_{14}$ | 1/8 | 1/6 | 1/3 | 1 | 0.2887 | 0.0526 | 0.2120 | 4.0308 |

计算得出，$\lambda_{max}$=4.1023，$CI$=0.0341，$CR=CI/RI$=0.0379<0.10，满足一致性要求。

表 7-13 $B_2-C_{2i}$ 判断矩阵

| $B_2$ | $C_{21}$ | $C_{22}$ | $C_{23}$ | 几何平均 | 权重 | 加权和 | 近似 $\lambda$ |
|---|---|---|---|---|---|---|---|
| $C_{21}$ | 1 | 1/5 | 1/3 | 0.4055 | 0.1007 | 0.3106 | 3.0858 |
| $C_{22}$ | 5 | 1 | 4 | 2.7144 | 0.6738 | 2.0792 | 3.0858 |
| $C_{23}$ | 3 | 1/4 | 1 | 0.9086 | 0.2255 | 0.6959 | 3.0858 |

151

计算得出，$\lambda_{max}$=3.0858，$CI$=0.0429，$CR=CI/RI$=0.0739<0.10，满足一致性要求。

表 7-14 $B_3 - C_{3i}$ 判断矩阵

| $B_3$ | $C_{31}$ | $C_{32}$ | 几何平均 | 权重 | 加权和 | 近似 $\lambda$ |
|---|---|---|---|---|---|---|
| $C_{31}$ | 1 | 1/3 | 0.5774 | 0.2500 | 0.5000 | 2.0000 |
| $C_{32}$ | 3 | 1 | 1.7321 | 0.7500 | 1.5000 | 2.0000 |

计算得出，$\lambda_{max}$=2，$CI$=0，$CR=CI/RI$=0<0.10，满足一致性要求。

表 7-15 畜禽良种产业技术创新联盟知识共享机制的综合权重

| 目标层 A | 准则层 B | 准则层权重 | 指标层 C | 指标层权重 | 综合权重 |
|---|---|---|---|---|---|
| 畜禽良种产业技术创新联盟知识共享机制 A | 企业资源背景 $B_1$ | 0.6586 | 企业文化 $C_{11}$ | 0.4795 | 0.3158 |
| | | | 资源与产权 $C_{12}$ | 0.3391 | 0.2233 |
| | | | 相容与互补 $C_{13}$ | 0.1288 | 0.0848 |
| | | | 人力资源 $C_{14}$ | 0.0526 | 0.0346 |
| | 企业经营状况 $B_2$ | 0.0786 | 运营能力 $C_{21}$ | 0.1007 | 0.0079 |
| | | | 盈利能力 $C_{22}$ | 0.6738 | 0.0530 |
| | | | 偿债能力 $C_{23}$ | 0.2255 | 0.0177 |
| | 企业创新能力 $B_3$ | 0.2628 | 创新研发的产出 $C_{31}$ | 0.2500 | 0.0657 |
| | | | 创新研发的投入 $C_{32}$ | 0.7500 | 0.1971 |

层次总排序的一致性指标 $CI$ 为；$CI = \sum_{i=1}^{m} W_i \times CI_i$，式中 $m$ 表示准则层的数量，根据本文的设定，$m$=3。所以最终的计算结果 $CI$=0.0288<0.10，满足层次总排序的一致性检验要求。

## 7.4.3 畜禽良种产业技术创新联盟知识共享机制的问题

（1）联盟内的企业存在文化差异。参与技术创新的企业数量众多，往往具有不同的资源背景，企业间的文化可能会存在很大的差异。这种文化上的差异会导致企业间的摩擦和冲突，他们在处理文化差异时往往不会顾及对方企业的感受，做出一些伤害双方感情的举动，不利于企业间知识共享机制的建立。

（2）企业自身的创新能力不足。畜禽良种技术的高技术性和复杂性决定了技术创新活动的高难度。在联盟中，由于联盟企业对此认识不足，企业本身技术创新能力的不足严重影响了联盟内的知识共享机制的建立。

（3）企业之间的高新技术缺乏互补性。联盟内的企业进行合作和知识共享时，首先考虑的是如何获取外部的资源来弥补自己的资源或资产方面存在的不足，在进行合作企业甄选时，首先会分析自身企业在资源上存在哪些不足，然后再寻求联盟内在该资源比较富有的企业来进行合作。当向对方提出合作意愿时，对方也会考虑合作方是否存在他们所想要寻求的资源，如果满足条件，合作意向才能有效达成。但是从目前畜禽联盟的资源背景来看，资源的互补性不足，极大地阻碍了联盟成员之间建立合作关系，无法形成有效的知识共享机制。

## 7.4.4 畜禽良种产业技术创新联盟知识共享机制的建立方案

从层次分析法得到的分析结果来看，畜禽良种产业技术创新联盟的专家们认为联盟成员间的知识共享，首先取决于企业资源背景的因素，其次是创新能力和经营状况。

1. 企业资源背景

企业要想获得联盟其他成员的知识共享，企业资源背景起主导作用。其中，企业文化应该是联盟成员考虑的首要因素。当联盟成员在进行知识共享之前，不能回避的是企业之间的企业文化"异质性"问题。如果选择了错误的联盟成员进行知识共享，会造成对联盟成员伙伴了解不足、人员不匹配以及机构不匹配等问题。这些问题从理论上来说，最终可以归结到企业文化冲突的问题。管理学界早已认识到，无论是自觉还是不自觉，管理的哲学与实践都是由企业文化设定的。因此，无论是为了预防产业技术创新联盟的失败，还是为了对运行正常的产业技术创新联盟进行管理，都不应该忽视企业文化异质性或者文化冲突的问题。另外一个需要重视的问题就是联盟成员伙伴拥有的资源和产权。随着产业技术创新联盟协同创新发展目标实现程度的不断提高，产业技术创新联盟成员伙伴将会分享更多的知识、技能及人才资源，产业技术创新联盟协同创新发展的积极性将会得到进一步提高。再就是联盟成员的资源是否相容和互补，对知识共享也有一定的影响。分享联盟成员的资源，是产业技术创新战略联盟组建的主要动机，单个企业不太可能拥有行业内全部的资源以及产权优势。选择一个好的产业技术创新联盟成员伙伴进行知识共享，将会通过互补战略获得外部异质性的资源优势，进一步提高企业的核心竞争能力。通过企业拥有的资源要素优势以及产权优势，把产业技术创新联盟获得的成果商业化、市场化以及产业化，才能实现产业技术创新联盟协同创新、共同发展的战略愿景。

2. 创新能力

联盟成员的创新研发投入也应该是产业技术创新联盟进行知识共

享需要考虑的因素与关键性指标。创新研发的投入可以从研发费用占总费用的比重、研发资源占总资源的比重以及研发人员占总技术人员的比例等多个方面来确定。研发投入的比重，反映了联盟成员对知识共享的重视程度，从而反映了联盟成员对研发创新的关注程度。在某种意义上来说，联盟在创新研发上投入的费用越多、所占的比重越大，为研发提供知识共享的可能性也就越高，越能有效地促进联盟成员的创新动力与积极性。产业技术创新联盟的成员伙伴之间，有效地利用自身研发优势，大力吸收、转化优势资源技术，这样可以大大提高产业技术创新联盟实现产业技术创新的最终目的。

3. 经营状况

盈利能力是联盟成员选择知识共享时需要考虑的一个重要指标，因为知识共享的直接成效就是能给联盟带来多大程度的收益。如果联盟成员的盈利能力越强，知识共享所带来的回报也就越高，这是联盟建立的最终目标。

## 7.5 利益分配机制

### 7.5.1 利益分配机制的制约因素

给选定的畜禽良种联盟内的高校、科研院所以及企业等相关专家发送电子信函，广泛征求专家们的相关意见。对于的畜禽联盟利益分配取决于哪几个方面的因素，根据得到的反馈，将专家们的意见汇总，得到第一轮的利益分配机制的制约因素。专家们认为，利益分配方案主要取决于科研投入能力、产出能力及风险承受能力等三个层面的因素。联盟利益分配机制的制约因素可归纳为表 7-16 的层次结构。

表 7-16 畜禽良种产业技术创新联盟利益分配机制的制约因素

| 目标层 A | 准则层 B | 选择指标层 C |
|---|---|---|
| 畜禽良种产业技术创新联盟利益分配机制 A 畜禽良种产业技术创新联盟利益分配机制 A | 企业科研投入能力 $B_1$ | 资产投入 $C_{11}$ 人力投入 $C_{12}$ 资金投入 $C_{13}$ 管理投入 $C_{14}$ |
| | 企业产出能力 $B_2$ | 资产报酬率 $C_{21}$ 主营业务利润率 $C_{22}$ 销售增长率 $C_{23}$ 科技成果转化率 $C_{24}$ |
| | 风险承受能力 $B_3$ | 技术风险 $C_{31}$ 市场风险 $C_{32}$ 资金风险 $C_{33}$ |

## 7.5.2 利益分配机制的层次分析法评价

根据表 7-16 的知识共享机制制约因素，通过专家咨询的方式，考查各层因素之间的相对重要性，得出相应的判断矩阵。构造的判断矩阵如表 7-17～表 7-20 所示，畜禽良种产业技术创新联盟利益分配机制的综合权重如表 7-21 所示。

表 7-17　$A-B$ 判断矩阵

| A | $B_1$ | $B_2$ | $B_3$ | 几何平均 | 权重 | 加权和 | 近似 λ |
|---|---|---|---|---|---|---|---|
| $B_1$ | 1 | 5 | 8 | 3.4200 | 0.7334 | 2.2691 | 3.0940 |
| $B_2$ | 1/5 | 1 | 4 | 0.9283 | 0.1991 | 0.6159 | 3.0940 |
| $B_3$ | 1/8 | 1/4 | 1 | 0.3150 | 0.0675 | 0.2090 | 3.0940 |

得出，$\lambda_{max}$ =3.0940，$CI$=0.0470，$CR=CI/RI$=0.0810<0.10，满足一致性要求。

表 7-18  $B_1 - C_{1i}$ 判断矩阵

| $B_1$ | $C_{11}$ | $C_{12}$ | $C_{13}$ | $C_{14}$ | 几何平均 | 权重 | 加权和 | 近似 λ |
|---|---|---|---|---|---|---|---|---|
| $C_{11}$ | 1 | 1/3 | 3 | 5 | 1.4953 | 0.3073 | 1.3359 | 4.3474 |
| $C_{12}$ | 3 | 1 | 2 | 4 | 2.2134 | 0.4548 | 2.0159 | 4.4320 |
| $C_{13}$ | 1/3 | 1/2 | 1 | 2 | 0.7598 | 0.1561 | 0.6494 | 4.1591 |
| $C_{14}$ | 1/5 | 1/4 | 1/2 | 1 | 0.3976 | 0.0817 | 0.3350 | 4.0991 |

计算得出，$\lambda_{max}$ =4.2594，$CI$=0.0865，$CR=CI/RI$=0.0961<0.10，满足一致性要求。

表 7-19  $B_2 - C_{2i}$ 判断矩阵

| $B_1$ | $C_{11}$ | $C_{12}$ | $C_{13}$ | $C_{14}$ | 几何平均 | 权重 | 加权和 | 近似 λ |
|---|---|---|---|---|---|---|---|---|
| $C_{11}$ | 1 | 2 | 1/5 | 1/8 | 0.4729 | 0.0754 | 0.3241 | 4.2994 |
| $C_{12}$ | 1/2 | 1 | 1/3 | 1/7 | 0.3928 | 0.0626 | 0.2634 | 4.2064 |
| $C_{13}$ | 5 | 3 | 1 | 1/5 | 1.3161 | 0.2098 | 0.9051 | 4.3136 |
| $C_{14}$ | 8 | 7 | 5 | 1 | 4.0906 | 0.6522 | 2.7428 | 4.2056 |

计算得出，$\lambda_{max}$ =4.2562，$CI$=0.0854，$CR=CI/RI$=0.0949<0.10，满足一致性要求。

表 7-20  $B_3 - C_{3i}$ 判断矩阵

| $B_2$ | $C_{31}$ | $C_{32}$ | $C_{33}$ | 几何平均 | 权重 | 加权和 | 近似 λ |
|---|---|---|---|---|---|---|---|
| $C_{31}$ | 1 | 5 | 7 | 3.2711 | 0.7306 | 2.2393 | 3.0649 |
| $C_{32}$ | 1/5 | 1 | 3 | 0.8434 | 0.1884 | 0.5774 | 3.0649 |
| $C_{33}$ | 1/7 | 1/3 | 1 | 0.3625 | 0.0810 | 0.2481 | 3.0649 |

计算得出，$\lambda_{max}$ =3.0649，$CI$=0.0324，$CR=CI/RI$=0.0559<0.10，满足一致性要求。

表 7-21　畜禽良种产业技术创新联盟利益分配机制的综合权重

| 目标层 A | 准则层 B | 准则层权重 | 指标层 C | 指标层权重 | 综合权重 |
| --- | --- | --- | --- | --- | --- |
| 畜禽良种产业技术创新联盟利益分配机制 A | 企业科研投入能力 $B_1$ | 0.7334 | 资产投入 $C_{11}$ | 0.3073 | 0.2254 |
| | | | 人力投入 $C_{12}$ | 0.4548 | 0.3336 |
| | | | 资金投入 $C_{13}$ | 0.1561 | 0.1145 |
| | | | 管理投入 $C_{14}$ | 0.0817 | 0.0599 |
| | 企业产出能力 $B_2$ | 0.1991 | 资产报酬率 $C_{21}$ | 0.0754 | 0.0150 |
| | | | 主营业务利润率 $C_{22}$ | 0.0626 | 0.0125 |
| | | | 销售增长率 $C_{23}$ | 0.2098 | 0.0418 |
| | | | 科技成果转化率 $C_{24}$ | 0.6522 | 0.1298 |
| | 风险承受能力 $B_3$ | 0.0675 | 技术风险 $C_{31}$ | 0.7306 | 0.0493 |
| | | | 市场风险 $C_{32}$ | 0.1884 | 0.0127 |
| | | | 资金风险 $C_{33}$ | 0.0810 | 0.0055 |

层次总排序的一致性指标 $CI$ 为：$CI = \sum_{i=1}^{m} W_i \times CI_i$，式中 $m$ 表示准则层的数量，根据本文的设定，$m$=3。最终的计算结果 $CI$ = 0.0549<0.10，满足层次总排序的一致性检验要求。

### 7.5.3　畜禽良种产业技术创新联盟利益分配机制的问题

（1）科研人员投入不足。从畜禽联盟的实际调查来看，企业要获得合理的利益分配，必须有合理的人力、资产及资金方面的投入，其中科研人员的投入是最主要的环节。但是对于畜禽联盟企业而言，企业自身的科研能力薄弱，科研创新的人员投入严重不足。

（2）成果转化效率低下。科研成果最终转化成生产力，才能给企业、社会带来效益。从畜禽良种联盟的调查来看，虽然有些高难度技术得到了突破，但是在实际的成果转化环节却存在难度，不能有效地将创新的技术转化为生产力。

### 7.5.4　畜禽良种产业技术创新联盟利益分配机制的建立方案

从层次分析法得到的分析结果来看，畜禽良种产业技术创新联盟的专家们认为，联盟成员如何进行利益分配的主要因素取决于联盟成员科研投入能力，其次是企业产出能力及风险承受能力。

（1）联盟成员科研投入能力。科研和生产的投入能力，直接决定了共同利益的产出。当然企业的投入包括很多方面，最主要的还是来源于资产、资金、人力资源、管理等方面的投入，投入的越多，得到的相应回报也应该越多。

（2）企业产出能力。对于同一种技术、同一种产品，不同的企业按照完全一样的水平投入，最终得到的收益也是不同的。对于畜禽联盟内的企业而言，要想得到合理的利益分配收入，必须提高企业自身的产出能力，其中最主要的因素就是提升企业的成果转化率。

（3）风险承受能力。按照经济学的理论，风险越高回报越高。也就是说，对于企业而言，抗风险能力越强，得到的收益也就越高。对于畜禽联盟来讲，最主要的是克服技术风险带来的损失，应该把握市场的动向，研发和投入具有市场潜力的技术创新。一旦投入的产品存在技术上的失败，则失去的不仅仅是利润。

## 7.6 本章小结

本章主要对畜禽良种产业技术创新联盟进行了案例分析。主要采用层次分析法研究了畜禽良种产业技术创新联盟建立信任机制、知识共享机制与利益分配机制的决定因素及建立方案。

（1）信任机制。主要取决于合作经历、企业声誉、合作愿景、企业家魅力及法律约束等方面的因素。

（2）知识共享机制。主要取决于企业文化、企业拥有的资源与产权、盈利能力及在科研中的研发投入。

（3）利益分配机制。主要取决于人力、资产及资金方面的投入以及科技成果转化率及抗技术风险的能力。

# 第 8 章 结论与展望

## 8.1 研究结论

本文首先比较了美国、日本和中国在产业技术创新联盟模式上的差异,然后以博弈论为基础,对产业技术创新联盟的运行机制进行了研究。本文的研究结论归纳如下。

(1) 对于美国、日本及我国产业技术创新联盟的模式比较研究。美国产业技术创新联盟的合作形式多样化,而且合作范围也相对广泛,合作层次也更加深入。日本的技术研究组合模式是目前世界上最有特点的一种产业技术创新联盟的合作模式,其主要特点是形式规范、发展成熟,顺应了经济全球化的发展趋势,有利于提升国际竞争力。我国的产业技术创新联盟大多以政府为主导,企业和高校在联盟的作用相对比较被动。从美国、日本和我国的产业技术创新联盟的合作模式来看,随着合作研究发展的不断深入,可以分为以下几种类型:合作研究模式初期,由于企业的自主创新能力比较薄弱,高校(或科研院所)在科研实力方面占有一定优势,联盟合作形式主要以推动技术成果转让、科研方主导的类型为主;随着合作研究的发展,自主研发水平和抗风险能力增强，联盟各方的合作意愿加强，加上知识技术等资源的流动与共享，加速了科技创新成果的转化，建立合作研究实体成了产业技术创新联盟的主要形式。

（2）对于企业产业技术联盟运行机制的研究。①在采用一次博弈的情况下，（不信任/不信任）的策略是企业、高校（或科研院所）的最终纳什均衡策略组合。产业技术创新联盟内的企业、高校（或科研院所）都会以追求自身利益最大化来选择策略，但是该结果对于联盟的成员伙伴以及整个产业技术创新联盟来说，并不是最佳的策略选择。产业技术创新联盟中的企业、高校（或科研院所）如果想实现产业技术创新联盟的高效率，就要改变这种一次性博弈的"囚徒困境"，进而寻求长期合作，使双方进入到重复博弈阶段。②如果采用无限次博弈，当贴现因子大于某个临界点时，产业技术创新联盟中的企业具有一定的耐心，与高校（或科研院所）发生多次合作以后，企业必定会采取信任策略。同样地，由博弈的对称性可知，对于技术创新联盟中的高校（或科研院所）而言，信任也是他们的最优策略。此时，整个技术创新联盟会取得最大的总收益。③如果在产业技术创新联盟的运行过程中，引入监督和激励机制，我们发现政府的奖惩程度对企业、高校（或科研院所）选择信任的概率及策略的选择有很大的影响。政府的奖惩力度越大，成员伙伴之间的不信任成本越高，那么联盟内成员伙伴的守信可能性就越大，企业、高校（或科研院所）采取信任策略的概率也就越大，可以形成良好的联盟信任机制。

（3）对于企业产业技术联盟的知识共享机制进行了深入研究。我们发现，只有当联盟的成员伙伴认为将知识共享所带来的收益大于或等于知识不共享带来的收益时,联盟内的成员伙伴才愿意将知识进行共享。

(4)对于企业产业技术联盟的利润分配机制进行了深入研究。我们发现企业和高校(或科研院所)的利益分配主要取决于企业的产出弹性系数。企业的产出弹性系数越大,企业获得收益比例越小,高校(或科研院所)获得的收益比例越大;相反,企业的产出弹性系数越小,企业获得收益比例越大,而高校(或科研院所)获得的收益比例越小。

(5)对畜禽良种产业技术创新联盟进行了案例分析。发现:①企业声誉、合作愿景、企业家魅力及法律约束等方面的因素决定了联盟的信任机制。合作经历也很重要。②企业文化、企业拥有的资源与产权、盈利能力及在科研中的研发投入决定了联盟的知识共享机制。③人力、资产及资金方面的投入,科技成果转化率及抗技术风险的能力决定了联盟的利益分配机制。

## 8.2 研究展望

(1)由于本文篇幅的限制,在对产业技术创新联盟运行机制的研究中,主要选取了产业技术创新联盟建立初期的信任机制、联盟建设中期的知识共享机制,以及联盟建设后期的知识共享机制进行了研究,未能面面俱到,对其他机制的研究亦未涉及。因此,在后续的研究中可以对其他的运行机制,比如合作伙伴的选择机制、知识转移机制、协同创新机制等方面进行研究。

（2）本文选择对畜禽良种产业技术创新联盟进行了运行机制的研究。由于行业的独特性，研究结论对于其他行业的产业技术创新联盟运行机制可能不适用。因此，今后的研究可以从若干不同行业的产业技术创新联盟入手进行对比分析，找出不同行业发展产业技术创新联盟运行机制的共性和个性。

# 参考文献

[1] 陈立勇.产业技术创新战略联盟知识治理研究[D].长沙：湖南大学，2013.

[2] 邸晓燕，张赤东.产业技术创新战略联盟的类型与政府支持[J].科学学与科学技术管理，2011，32（04）：78-84.

[3] 熊彼特.经济发展理论[M].何畏，译.北京：北京商务印书馆，1985：73-75.

[4] Williamson O E. Comparative Economic Organization: The Analysis of Discrete Structural Alternatives [J]. Administrative Science Quarterly, 1991, 36(2): 276.

[5] Teece D, Pisano G. the Dynamic Capabilities of Firms, an Introduction Industrial and Corporate Change,1994, (3): 537-556.

[6] CULPAN, REFIK. Multinational Strategic Alliance[M]. New York: International Business, 1993.

[7] Yashino M Y, Rangan U S. Strategic alliances: An entrepreneurial approach to globalization[M].Boston: Harvard Business School Press,1995.

[8] Hellebust K A. Creating a Strategic Alliance with Information

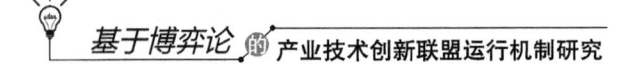

Technology Suppliers[J]. Information Systems Management, 1988,5(1): 32–37.

[9] Spekman R E, Forbes T M. Isabella L. Alliance Management: A View from the Past and A Look to the Future[J]. Journal of Management Studies, 1998, 747–772.

[10] Caldeira, Chitus J C. Strategic Alliances and Innovation Projects Success[C]. The ISPIM 2003 Conference, 2003.

[11] Lewis, Weight. Trust as Social Reality[J]. Social Forsee, 1985, 967–985.

[12] Daniels S. The virtual corporation[J]. Work Study,1998,47(1): 98–103.

[13] Baughn C C. Protecting intellectual capital in international alliances[J]. Journal of World Business, 1997, 32(2): 103–177.

[14] Norman P M. Knowledge acquisition, knowledge loss, and satisfaction in high technology alliances[J]. Journal of Business Research, 2004, 57(6): 610–619.

[15] Inkpen A C, Currall S C. The Coevolution of Trust, Control, and Learning in Joint Ventures[J]. Organization Science, 2004, 15(5): 586–599.

[16] A B NGOW. the Role of Trust Worthiness in the Formation and Governance of Construction Alliances[J]. Building an Environment, 2007, 42(4): 1828–1835.

[17] Gjalt D J, Rosalinde K W. The Institutional Arrangements of

Innovation: Antecedents and Performance Effects of Trust in High-Tech Alliances[J]. Industry & Innovation, 2008, 15(1): 45–67.

[18] Kim L S. The relations between transactional characteristics, trust and risk in the start-up phase of a collaborative alliance[J]. Management Accounting Research, 2008,19(4): 344–364.

[19] Ybarra C E, Turk T A. The evolution of trust in information technology alliances[J]. Journal of High Technology Management Research,2009,20(1): 62–74.

[20] Karlsen J T. Project owner involvement for information and knowledge sharing in uncertainty management[J]. International Journal of Managing Projects in Business,2010, 3(4): 642–660.

[21] Gulati R, Singh H. The Architecture of Cooperation: Managing Coordination Costs and Appropriation Concerns in Strategic Alliances[J]. Administrative Science Quarterly,1998, 43(4): 781–814.

[22] Sakakibara M. Evaluating government-sponsored R&D consortia in Japan: who benefits and how?[J]. Research Policy, 1997, 26(4).

[23] Teece D J, Shuen P G. Dynamics Capabilities and Strategic Management[J].Strategic Management Journal,1997,7(18): 509–533.

[24] Dutta S, Weiss A M. the Relationship Between a Firm's Level of Technological Innovativeness and Its Pattern of Partnership Agreement[J]. Management Science,1997,43(3): 343–356.

[25] Doz Y L, Hamel G. Alliance Advantage[M]. Boston: Harvard Business School Press,1998.

[26] Hitt M A, Dacin M T, Levitas E,et,al. Partner Selection in Emerging and Developed Market Contexts: Resource-Based and Organizational Learning Perspectives [J].The Academy of Management Journal, 2000, 43(3): 449-467.

[27] Hitt M A, Ahlstrom D, Dacin M T,et,al. The Institutional Effects on Strategic Alliance Partner Selection in Transition Economies: China vs Russia[J]. Organization Science,2004,15(2): 173-185.

[28] Das T K,Bing-Sheng Teng. A risk perception model of alliance structuring[J].Journal of International Management,2001,7(1): 1-29.

[29] Hiroshi Y. Formation of strategic alliances in high-technology industries: comparative study of the resource-based theory and the transaction-cost theory[J]. Technovation,2004,25(7): 763-770.

[30] Giovnni D. Sources, Procedures, and Microeconomic Effects of Innovation[J]. Journal of Economic Literature, 1988, 26(3): 1120-1171.

[31] Carolin H, Holger P, Zahra S A. Strategic alliances and product development in high technology new firms: The moderating effect of technological capabilities[J].Journal of Business Venturing, 2010, 27(2): 217-233.

[32] Eric W K T, Nguyen D T. Krishna E. Knowledge Acquisition and Performance of International Joint Ventures in the Transition

Economy of Vietnam[J]. Journal of International Marketing, 2004, 12(2): 82–103.

[33] Hungwen L, Chingfang Y. Effect of Organizational Relationship Style on the Level of Knowledge Sharing[J].International Journal of Manpower, 2011, 32(5): 677–686.

[34] BLOCK M. Knowledge Sharing as the Key Driver for Sustainable Innovation of Large Organization[J].Sustainable manufacturing, 2012, 337–342.

[35] Barney J B. Is the Resource-based "View" a Useful Perspective for Strategic Management Research? Yes[J].Academy of Management Review, 2000, 26(l): 41–50.

[36] Butler R J, Gill J. Managing Instability in Cross-Cultural Alliances[J]. Long Range Planning, 2003, 36(6): 543–563.

[37] Cristina Bayona, Pilar Corredor, Rafael Santamaría. Technological alliances and the market valuation of new economy firms [J]. Technovation, 2004, 26(3): 368–383.

[38] 李东红. 企业联盟研发：风险与防范［J］. 中国软科学，2002（10）：48-51.

[39] 高广文. 国际产业技术创新联盟的发展及启示［J］. 科技发展研究，2008（12）：1-8.

[40] 蒋芬. "联合开发、优势互补、利益共享、风险共担"：产业技术创新战略联盟是产学研结合的趋势［J］. 华东科技，2009（12）：36-37.

[41] 赵志泉.产业技术创新联盟的运行机制研究[J].创新科技，2009（04）：18-19.

[42] 张晓，盛建新，林洪.我国产业技术创新战略联盟的组建机制[J].科技进步与对策，2009，26（20）：52-54.

[43] 胡枭峰.产业技术创新战略联盟研究评述[J].商场现代化，2010（20）：8-9.

[44] 韩立民，陈自强.产学研创新联盟的基本涵义及特征分析[J].中国海洋大学学报(社会科学版)，2008（06）：23-26.

[45] 赵志泉.产业技术创新联盟的运行机制研究[J].创新科技，2009（04）：18-19.

[46] 李新男.推动产业技术创新战略联盟构建，提升国家自主创新能力[J].中国科技产业，2009（12）：21-23.

[47] 胡争光，南剑飞.产业技术创新战略联盟：研发战略联盟的产业拓展[J].改革与战略，2010，26（10）：38-41.

[48] 陈佳.产业技术创新战略联盟治理模式影响因素探析[J].科技管理研究，2011，31（11）：94-96.

[49] 吴刚，颜平.产业技术创新战略联盟的创新意义[J].绍兴文理学院学报(自然科学)，2011，31（01）：80-84.

[50] 王蔷.战略联盟内部的相互信任及其建立机制[J].南开管理评论，2000（03）：13-17.

[51] 何静，刘兴东，王会海.战略联盟内部信任机制研究[J].企业经济，2002（07）：70-91.

[52] 陈一君.基于战略联盟的相互信任问题探讨[J].科研管理，

2004（05）：41-45+34.

[53] 潘旭明.战略联盟的信任机制：基于社会网络的视角[J].财经科学，2006（05）：50-56.

[54] 孙刚，颜士梅，占怡.战略联盟中信任发展的阶段模式——基于案例的分析[J].工业技术经济，2007（12）：106-109.

[55] 王刚.战略联盟内部成员间信任机制的建立和培育[J].经济论坛，2010（02）：184-186.

[56] 方静，武小平.产业技术创新联盟信任关系的演化博弈分析[J].财经问题研究，2013（07）：37-41.

[57] 陈蓉.钨及硬质合金产业技术创新战略联盟信任维护研究[D].株洲：湖南工业大学，2015.

[58] 徐小芳.信任对中小企业联盟稳定性的影响研究[J].科技和产业，2015，15（03）：89-93.

[59] 孙妍妍，王斌.生物医药产业技术创新战略联盟核心机制——信任机制、知识产权保护与政府支持[J].中国高新技术企业，2016（29）：3-5.

[60] Huang Haizhou, Xu Chenggang. Soft Budget Constraint and the Optimal Choices of Research and Development Projects Financing[J]. Journal of Comparative Economics, 1998,26(1): 62-79.

[61] 罗炜，唐元虎.企业合作创新的组织模式及其选择[J].科学学研究，2001（04）：103-108.

[62] 左健民.产学研合作的动力机制研究[J].学海，2002（06）：

181-183.

[63] 钟书华.企业技术联盟导论[M].北京：经济管理出版社，2004：20-22.

[64] 杨栩.基于技术创新的产学研合作运行机制与模式研究[J].商业研究，2006（01）：131-133.

[65] 李新男.创新"产学研结合"组织模式 构建产业技术创新战略联盟[J].中国软科学，2007（05）：9-12+42.

[66] 彭礼坤.论中国企业战略联盟的发展[J].商业研究，2007(06)：72-76.

[67] 李金生，丁丽.企业知识联盟动力机制研究[J].南京师大学报(社会科学版)，2008（02）：68-73.

[68] 李雪，李菁华.产学研联合的深化：产业技术创新战略联盟研究[J].科学管理研究，2008（01）：45-48.

[69] 梁艳欣.技术联盟的知识共享机制研究[D].大连：大连理工大学，2009.

[70] 胡利玲，冯楚建.产学研合作模式的法律形态研究[J].科技与法律，2009（05）：3-7.

[71] 李岱素.产学研战略联盟合作机制系统研究[J].科技进步与对策，2009，26（16）：19-22.

[72] 薛伟贤，张娟.高技术企业技术联盟互惠共生的合作伙伴选择研究[J].研究与发展管理，2010，22（01）：82-89+113.

[73] 李允尧，生延超，姜向阳.联盟动机、技术能力与企业入盟的最优策略[J].管理世界，2010（03）：178-179.

[74] 马永红, 王丽丽, 王展昭. 产业技术联盟的运行机制分析与构建[J]. 科技和产业, 2011, 11（08）: 90-94+133.

[75] 马思奇. 产业技术创新视角下战略联盟的动因分析[J]. 企业导报, 2011（12）: 124.

[76] 冯晓青. 国家产业技术政策、技术创新体系与产业技术创新战略联盟——兼论知识产权战略的作用机制[J]. 当代经济管理, 2011, 33（08）: 19-26.

[77] 李建花. 宁波市产业技术创新联盟运行机制选择策略[J]. 科技与管理, 2012, 14（04）: 8-11.

[78] 郭鸿勇, 李婷, 胡悦, 等. 基于系统动力学的产业技术创新联盟运行机制研究[J]. 创新科技, 2013（02）: 18-20.

[79] 马雪君. 产业技术创新联盟知识转移的双边匹配建模与绩效评价研究[D]. 镇江: 江苏科技大学, 2014.

[80] 彭凡. 技术创新联盟的知识转移建模与仿真研究[D]. 大连: 大连理工大学, 2014.

[81] 严进. R&D导向产业技术创新联盟运行管理机理研究[D]. 南京: 南京邮电大学, 2015.

[82] 杨普, 李东平, 余庆来, 等. 安徽农业产业技术联盟模式与机制创新研究[J]. 农业科技管理, 2015, 34（01）: 72-76.

[83] 李琛. 产业技术创新联盟（ITIA）中知识转移障碍及对策研究[D]. 青岛: 青岛大学, 2015.

[84] Porter E. Competitive advantage[M]. New York: Free Press, 1985.

[85] Williamson, Oliver E. Markets and Hierarchies: Analysis and

Antitrust Implications[M].New York: Free Press,1975.

[86] Hennart J F. A Transaction Costs Theory of Equity Joint Ventures[J]. Strategic Management Journal,1988,9(4): 361-374.

[87] Adam Smith. An Inquiry into the Nature and Causes of the Wealth of Nations[M]London: .University of Chicago Press,2008.

[88] 迈克尔·波特.国家竞争优势[M].李明轩,邱如美,译.北京：华夏出版社，2002.

[89] 马歇尔.经济学原理[M].朱志泰,译.北京：商务印书馆，2005.

[90] Zermelo E. "Uber eine Anwendung der Mengenlehre auf die Theorie des Schachspiels", Proceedings of the Fifth International Congress of Mathematicians, Vol. II, 1912, p. 501~504.

[91] Von Neumann J. "Zur Theorie der Gesellschaftsspiele", Mathematische Annalen, 100, 1928, 295~320. (Translated as "On the Theory of Games of Strategy", in Contributions to the Theory of Games, Volume IV, Annals of Mathematics Studies, 40, p. 13~42)

[92] Kuhn H W,Neumann J, Morgenstern O,et,al. Theory of Games and Economic Behavior[M]New York: Princeton University Press,2007.

[93] Nash J F. "Equilibrium points in person games", Proceedings of the National Academy of Sciences of the United States of America, 1950, 36 (1): 48~49.

[94] Nash J F. "Non-Cooperative Games", Annals of Mathematics, 54, 1951, (54): 286~295.

[95] Bertrand J. "Book review of theories mathematique de la richesse sociale and of recherches sur les principles mathematiques de la theorie des richesses", Journal de Savants, 67, 1883, p. 499~508.

[96] Stackelberg H. Marktform and Gleichgewicht[M].Berlin: Springer,1934.

[97] 马歇尔.经济学原理[M].朱志泰,译.北京：商务印书馆,1964.

[98] Harsanyi, J. C. "Games with Incomplete Information Played by 'Bayesian' Players", Parts I, II and III, Management Science, 1967~1968(14): 159~182, 320~334 and 486~502.

[99] Parkhe A. Strategic alliance structuring: A game theoretical and transaction cost examination of inter-firm cooperation[J]. Academy of Management Journal,1993,36(4): 794-829.

[100] Simon Herbert A. The Compensation of Executives[J]. Sociometry,1957,20(1): 32-35.

[101] 陈伟,张永超,马一博,等.基于AHP-GEM-Shapley值法的低碳技术创新联盟利益分配研究[J].运筹与管理,2012,21（04）：220-226.

[102] 李兆友.美国高校参与产学研合作的基本经验及对我国的启示[J].社会科学家,2014（04）：4-8+159.

[103] 王玉丽,于成学,武春友,等.产业技术创新联盟知识转移绩效机制及实证研究[J].科技与管理,2010,12（06）：31-35.

[104] Wu C, Barnes D. Formulating partner selection criteria agile

supply chains: a dempster-shafer belief acceptability optimization approach[J]. Production Economics,2010,(125): 62-71.

[105] 张敬文,于深.基于SNM理论的战略性新兴产业技术创新联盟运作机理研究[J].北京联合大学学报(人文社会科学版),2016,14(01):107-112.

[106] 王巾,马章良.长三角地区产业技术创新联盟区域协同发展研究[J].科技与经济,2016,29(02):31-35.

[107] 贺正楚,潘红玉,张蜜.新材料产业技术创新联盟模式研究[J].财经理论与实践,2015,36(02):128-132.

[108] Cullen J B,Johnson J L,Sakano T. Success through commitment and trust: the soft side of strategic alliance management[J]. Journal of World Business,2000,35(3): 223-240.

[109] Fukuyama F.Trust: The Social Virtues and the Creation of Prosperity[M]. New York: Free Press,1995.

[110] 吴其伦,卢丽娟.项目团队的协调管理:信任与合作[J].科技进步与对策,2004(12):98-100.

[111] 高昊,徐飞.战略联盟高失败率的研究现状与展望[J].现代管理科学,2009(12):5-6+9.

[112] 李煜华,陈文霞,胡瑶瑛.基于系统动力学的复杂产品系统技术创新联盟稳定性影响因素分析[J].科技与管理,2010,12(06):25-27.

[113] 李煜华,柳朝,胡瑶瑛.基于博弈论的复杂产品系统技术创新联盟信任机制分析[J].科技进步与对策,2011,28(07):5-8.

[114] 孔娜, 庄士成, 汤建光. 长三角区域合作: 基于"合作理性"的动力分析与思考 [J]. 经济问题探索, 2012 (04): 40-43.

[115] Gravier M J,Strutton D,Randall W S. Investigating the role of knowledge in alliance performance[J]. Journal of Knowledge Management,2008,12(4): 117-130.

[116] KASER A W, RAYMOND E. Understanding knowledge activists successes and falling[J]. Long Rang Planning,2002,35(1): 9-28.

[117] NONKA I.The knowledge creating company[J].Harvard Business review,1991(11/12): 96-104.

[118] Inkpen A. A note on the dynamics of learning alliances: cooperating and relative scope strategic[J].Strategic Management Journal,2000,21(7): 775-779.

[119] Tether B. The sources and aims of innovation in services: Variety between and within sectors[J]. Economics of Innovation and New Technology,2003,12(6): 481-505.

[120] 范群林, 邵云飞, 唐小我. 知识密集型服务机构与集群制造企业交互创新的自发演化研究 [J]. 科学学与科学技术管理, 2012, 33 (04): 147-155.

[121] 刘冰峰. 产学研合作知识共享研究 [D]. 武汉: 武汉理工大学, 2010.

[122] 何瑞卿, 黄瑞华, 李研. 基于知识外溢的合作研发知识产权风险及其影响因素分析 [J]. 科研管理, 2007 (04): 88-94+99.

[123] SENGE P M.sharing knowledge[J].Executive Excellence,

1997,14(11): 17-20.

[124] FELIN T, FOSS N J. Individuals and organizations: thoughts on a micro-foundations project for strategic management and organizationa analysis[J].Research Methodology in Strategy and Management,2005,3: 253-288.

[125] Cabrera A. Knowledge-Sharing Dilemmas[J]. Organization Studies,2002,23(5): 687-710.

[126] Loasby B J. The evolution of knowledge: Beyond the biological model[J]. Research Policy,2002,31(8): 1227-1239.

[127] 赵明霞,李常洪.产业技术创新联盟防"道德风险"激励机制设计［J］.经济问题,2015（05）: 79-83+95.

[128] 迟考勋,袭著燕.产业技术创新联盟知识共享规则设计研究: 程序规划与制度构建［J］.情报科学,2015,33（06）: 29-34.

[129] 龙跃,顾新,张莉.产业技术创新联盟知识交互的生态关系及演化分析［J］.科学学研究,2016,34（10）: 1583-1592.

[130] 施建刚,林陵娜,唐代中.整合个体激励和团队激励的多主体项目团队成员知识共享激励［J］.系统工程,2015,33（04）: 37-45.

[131] 吴继兰,张嵩,邵志芳,马光.基于知识贡献考核和效用的组织个体知识共享博弈分析与仿真［J］.管理工程学报,2015,29（01）: 216-222.

[132] Poppo L, Zenger T. Do Formal Contracts and Relational Governance Function as Substitutes or Complements?[J]. Strategic

Management Journal,2002,23(8): 707-725.

[133] 马雪君, 吴洁, 周斌. 产业技术创新联盟知识转移系统匹配模型的构建与仿真 [J]. 实验室研究与探索, 2015, 34（09）: 255-259+288.

[134] BANDYOPADHYAY S, PATHAK P. Knowledge Sharing and cooperation in outsourcing projices-a game theoretic analysis[J]. Decision Support Systems,2007,43: 349-358.

[135] 陈东灵. 知识团队知识分享困境的博弈机理研究——对两种均衡策略的比较 [J]. 图书情报工作, 2011, 55（24）: 97-101.

[136] 龙跃, 顾新, 张莉. 产业技术创新联盟知识共享的两阶段博弈分析 [J]. 科技进步与对策, 2016, 33（20）: 69-75.

[137] 刘臣, 单伟, 于晶. 组织内部知识共享的类型及进化博弈模型 [J]. 科研管理, 2014, 35（02）: 145-153.

[138] Gold A H, Malhotra A, Segars A H. Knowledge Management: An Organizational Capabilities Perspective[J]. Journal of Management Information Systems,2001,18(1): 185-214.

[139] Chakravarthy B, McEvily S. Knowledge management and corporate renewal[M].Knowledge Creation and Management: New Challenges for Managers,2007.

[140] Urban G L, Hippel E. Lead User Analyses for the Development of New Industrial Products[J]. Management Science, 1988, 34(5): 569-582.

[141] Helena Y R,Erkko Autio,Sapienza H J. Social Capital, Knowledge

Acquisition, and Knowledge Exploitation in Young Technology-Based Firms[J]. Strategic Management Journal,2001,22(6/7): 587-613.

[142] 史达.关系、面子与创业行为：社会资本视角的研究［J］.财经问题研究，2011（03）：34-40.

[143] 科技部，财政部，教育部，国务院国资委，中华全国总工会，国家开发银行.关于推动产业技术创新战略联盟构建的指导意见.2008.

[144] 王先甲，全吉，刘伟兵.有限理性下的演化博弈与合作机制研究［J］.系统工程理论与实践，2011，31(S1)：82-93.

[145] Maynard S J. The theory of games and the evolution of animal conflicts[J]. Journal of Theoretical Biology,1974,47(1): 209-212.

[146] Maynard S J, Price G R. The Logic of Animal Conflict[J]. Nature,1973,(246): 15-18.

[147] Jorgen W, Weibull. Evolutionary game theory[M].London: The MIT Press,1995.

[148] Cressman R.The stability concept of evolutionary game theory: a dynamic approach[M]. Springer, Berlin, Heidelberg, New York,1992.

[149] Samuelson L. Evolutionary games and equilibrium selection[M]. London: MIT Press,1997.

[150] Webull J. Evolutionary Game Theory[M].Princeton: Princeton Press,1995.

［151］Taylor P D,Jonker L B. Evolutionary stable strategies and game dynamics[J]. Mathematical Biosciences,1978,40(1-2): 145-156.

［152］代建生.企业联盟防共谋激励机制设计研究［D］.重庆：重庆大学，2008.

［153］DUYSTERS G. Creating win-win situation: partner selection in strategic technology alliance. Technology Strategy and Strategic Alliance, Proceedings H&D Management Conference.

［154］Mody Ashoka.Learning through alliances[J]. Journal of Economic Behavior & Organization,1993,20(2): 151-170.

［155］李建玲，刘伊生，马欣.共性技术联盟的利益分配研究［J］.中国科技论坛，2013（07）：51-57.

［156］杨东，谢恩，李垣，等.联盟激励机制中的委托代理问题［J］.运筹与管理，2006（01）：125-128.

［157］Amaldoss W. Collaboration to Compete[J]. Marketing Science, 2000,(19): 105 - 126.

［158］Edwin Lai,Raymond Riezman,Ping Wang. Outsourcing of Innovation[J]. Economic Theory,2009,38(3): 485-515.

［159］卢纪华，潘德惠.基于技术开发项目的虚拟企业利益分配机制研究［J］.中国管理科学，2003（05）：61-64.

［160］曾德明，张丹丹，张磊生.高技术产业技术创新战略联盟利益分配研究［J］.经济与管理研究，2015，36（07）：119-126.

［161］吴宪华.动态联盟的分配格局研究［J］.系统工程，2001（03）：34-38.

[162] 戴建华,薛恒新.基于 Shapley 值法的动态联盟伙伴企业利益分配策略[J].中国管理科学,2004(04):34-37.

[163] 王发明,刘丹.产业技术创新联盟中焦点企业合作共生伙伴选择研究[J].科学学研究,2016,34(02):246-252.

[164] 王道平,弓青霞,方放.高技术企业模块化研发网络利益分配研究[J].中国软科学,2012(10):177-184.

[165] 孙耀吾,顾荃,翟翌.高技术服务创新网络利益分配机理与仿真研究——基于 Shapley 值法修正模型[J].经济与管理研究,2014(06):103-110.

[166] 刘云龙,李世佼.产学研联盟中合作成员利益分配机制研究[J].科技进步与对策,2012,29(03):23-25.

[167] 陈爱祖,唐雯,康继红.产业技术创新战略联盟利益分配模型研究[J].科技管理研究,2013,33(12):119-122.

[168] 李建玲,刘伊生,马欣.共性技术联盟的利益分配研究[J].中国科技论坛,2013(07):51-57.

[169] 王建廷,王茂智.绿色建筑产业技术创新联盟利益分配研究[J].科技管理研究,2016,36(18):87-91.

[170] 冯蔚东,陈剑.虚拟企业中伙伴收益分配比例的确定[J].系统工程理论与实践,2002(04):45-49+90.

[171] 吴朗.产出分享模式下动态物流联盟利益分配方法[J].系统工程,2009,27(05):25-29.

[172] 刘敦虎,刘乃贵,赖廷谦.战略性新兴产业技术创新联盟基础研究与应用开发的投入博弈研究[J].经济体制改革,2015

（01）：141-145.

[173] 黄波，孟卫东，李宇雨.基于双边激励的产学研合作最优利益分配方式［J］.管理科学学报，2011，14（07）：31-42.

[174] 马亚男.大学–企业基于知识共享的合作创新激励机制设计研究［J］.管理工程学报，2008，22（04）：36-39.